红星照耀校园

讲给青少年的秦皇岛红色历史

张敬梅 杨 凯 唐丽维 ◎ 主编

燕山大学出版社
· 秦皇岛 ·

图书在版编目（CIP）数据

红星照耀校园：讲给青少年的秦皇岛红色历史 / 张敬梅，杨凯，唐丽维主编. —秦皇岛：燕山大学出版社，2024.5
ISBN 978-7-5761-0561-2

Ⅰ. ①红… Ⅱ. ①张… ②杨… ③唐… Ⅲ. ①革命传统教育－秦皇岛－青少年读物 Ⅳ. ① D642-49

中国国家版本馆 CIP 数据核字（2024）第 029947 号

红星照耀校园
——讲给青少年的秦皇岛红色历史
HONGXING ZHAOYAO XIAOYUAN

张敬梅　杨　凯　唐丽维　主编

出 版 人：陈　玉				
责任编辑：孙志强			策划编辑：孙志强	
责任印制：吴　波			封面设计：刘韦希	
出版发行：燕山大学出版社			邮政编码：066004	
地　　址：河北省秦皇岛市河北大街西段 438 号			电　　话：0335-8387555	
印　　刷：秦皇岛墨缘彩印有限公司			经　　销：全国新华书店	
开　　本：787 mm×1092 mm　1/16			印　　张：11.25	
版　　次：2024 年 5 月第 1 版			印　　次：2024 年 5 月第 1 次印刷	
书　　号：ISBN 978-7-5761-0561-2			字　　数：164 千字	
定　　价：68.00 元				

版权所有　侵权必究

如发生印刷、装订质量问题，读者可与出版社联系调换
联系电话：0335-8387718

编委会

主　　编：张敬梅　杨　凯　唐丽维
策　　划：杨　凯　张敬梅　刘　剑
特约编审：吕洪文　刘　剑
特约撰稿：刘　剑
撰　　稿：王雅君　马　轶　魏　悦　秦　岭
　　　　　张铭惠　高健男　杨梦莹　翟萌萌
　　　　　王建春　孙亚桐　程婉竹

> 代序

重温红色记忆，汲取奋进力量

岁月峥嵘，山河依旧。

在百年风云激荡的征程中，革命先辈用鲜血铸就辉煌，用信仰铸造丰碑，描绘了一幅幅壮丽的红色经典画卷，留下了一段段永不磨灭的红色记忆。

秦皇岛市位于河北省东北部，陆域面积7802平方千米，海域面积1805平方千米，常住人口约310万人。秦皇岛南临渤海，北依燕山，东接辽宁，西近京津，是明长城的起点，集山、海、关于一身，地理位置十分重要，自古以来就是重要的交通枢纽和著名的军事要地。

秦皇岛，是一座魅力之城，有蓝天碧海，也有厚重文化。这里生态良好、环境优美，冬无严寒、夏无酷暑，是著名的避暑胜地。大海、沙滩、浅山、长城、森林、湿地、温泉等资源富集，素有"长城海滨公园""京津后花园""中国观鸟之都"的美誉。秦皇岛古属碣石地域，商代为孤竹国中心区域，因公元前215年秦始皇东巡至此求仙而得名。孤竹文化、长城文化等在这里交相辉映。夷齐让国、老马识途、秦皇求仙、魏武挥鞭、李广射虎等著名历史典故都发生在这里。

秦皇岛，是一座活力之城，有便捷交通，也有兴盛产业。地处华北、东北两大经济区接合地带，6条铁路、3条高速公路在境内交会，拥有3座高铁站、北戴河机场和北煤南运的主枢纽港秦皇岛港；有燕山大学、东北大学（秦皇岛校区）等10所高校，在校大学生约15万人；汽车零部件、高端装备制造、粮油食品、生命健康、电子信息、新型材料、新型能源、临港物流、特色农业等产业蓬勃发展。

秦皇岛，更是一座革命之城，有红色血脉，也有光辉历程。1919年，党的主要创始人之一、中国革命的伟大先驱李大钊在昌黎五峰山撰写完成《我的马克思主义观》《再论问题与主义》两篇著名论著，播撒的中国革命火种，照亮了中国革命前进的道路；1922年，党的一大代表王尽美，组织领导了京奉铁路山海关工人罢工，还组织了秦皇岛港口工人罢工，在山海关铁工厂建立起第一个党小组，为秦皇岛地区的革命奠定了思想基础和组织基础；在伟大的全民族抗日战争期间，秦皇岛人民在党的领导下，投身震惊中外的冀东抗日大暴动，开辟和创建了孤悬于敌后的滦东抗日根据地，为我党我军先机挺进东北创建了前沿阵地；在解放战争期间，滦东根据地军民浴血奋战，坚守战略要地山海关，为我党实施"向北发展、向南防御"创造了有利条件；1948年秦皇岛获得解放，从一个帝王驻跸之地，成为充满无上荣光的红色沃土。新中国成立70多年来，在中国共产党的领导下，秦皇岛人民自力更生，艰苦奋斗，攻坚克难，砥砺前行，取得社会主义革命、建设、改革发展的伟大胜利，创造了一个又一个令世人瞩目的佳绩。秦皇岛已经成为渤海之滨的璀璨明珠，沿海强市、美丽港城正在由蓝图变为现实。

秦皇岛一百多年的光辉历史，是我们党的光辉历史的有机组成部分。一百多年来，我们党团结带领全国各族人民进行了持续不断的伟大奋斗，创造了一个又一个人间奇迹，完成了新民主主义革命，进行社会主义革命，实行改革开放和现代化建设，开启了新时代中国特色社会主义现代化建设的伟大征程，从根本上改变了中国人民和中华民族的前途命运。包括秦皇岛人民在内的全国各族人民为全面推进中华民族伟大复兴付出的努力和作出的贡献，永远值得铭记和景仰！

青少年是国家的未来和民族的希望。2021年，在党史学习教育动员大会上，习近平总书记强调要抓好青少年学习教育，让红色基因、革命薪火代代传承。在中国革命和建设的重大历史时期，秦皇岛发生了许多惊天动地的红色史实，演绎了无数可歌可泣的红色传奇，涌现了一批彪炳史册的红色人物，留下来许多值得铭记的红色遗迹，形成了具有丰富内涵的红色资源。为落实立德树人根本任务，更好地推进大中小学思政课一体化建设，充分发挥思政铸魂育人作用，立足秦皇岛本地红色资源，我市教育工作者与党史研究者通力合作编写了《红星照耀校园》一书。本书通过讲好党的故事、革命的故事、英雄的故事，厚植爱党、爱国、爱社会主义的情感，必将有益于广大青少年在"行走的思政课"中学思践悟，继承与弘扬红色基因，赓续共产党人的精神血脉。

英雄从未走远，前行是最好的怀念。本书在创作过程中，深入挖掘与利用地方文献、档案资料，参考和利用了近年来的秦皇岛地方党史研究成果，全方位、多角度展现在党的领导下秦皇岛经济社会的百年沧桑巨变，生动鲜活地讲述、宣传秦皇岛在中国共产党领导下的百年奋斗历程与取得的丰功伟绩，用伟大的成就激励人，用优良的传统教育人，用成功的经验启迪人，进一步激发全市广大青少年学党史、感党恩、爱家乡的热情，使其更加积极投身沿海强市、美丽港城的建设洪流，为加快推进中国式现代化建设河北篇章贡献青春和力量。

吕洪文

中共秦皇岛市委党史研究室二级调研员

2024 年 1 月

目录

第一回　李大钊结缘秦皇岛 …… 1
第二回　铁工厂里的引路人 …… 7
第三回　工人阶级走上历史舞台 …… 13
第四回　我们有了"党支部" …… 19
第五回　冀东抗战的揭幕人 …… 26
第六回　赤崖奇兵令胆寒 …… 31
第七回　高敬之骂开卢龙城 …… 36
第八回　抚宁抗战第一枪 …… 41
第九回　滦东也有了根据地 …… 46
第十回　秦皇岛抗日的情报站 …… 53
第十一回　冀东英雄李运昌 …… 57
第十二回　校长也是武工队 …… 65
第十三回　滦山铁路飞虎将 …… 69
第十四回　花厂峪的母亲们 …… 73
第十五回　举家抗日的郭大娘 …… 79
第十六回　女英雄王册 …… 83
第十七回　柳江煤矿的枪声 …… 88
第十八回　七里庄村天外客 …… 93

第十九回　收复重镇山海关（一） …………………… 97

第二十回　收复重镇山海关（二） …………………… 103

第二十一回　中美较量西河南 …………………………… 108

第二十二回　北宁线上的破击战 ………………………… 113

第二十三回　爆破英雄邵洪生 …………………………… 118

第二十四回　解放秦皇岛 ………………………………… 123

第二十五回　能文能武李延年 …………………………… 129

第二十六回　市委书记上战场 …………………………… 133

第二十七回　秦皇岛支持抗美援朝 ……………………… 139

第二十八回　毛泽东视察秦皇岛 ………………………… 145

第二十九回　避暑胜地北戴河 …………………………… 151

第三十回　渤海明珠秦皇岛 ……………………………… 157

★第一回　李大钊结缘秦皇岛

人物简介

李大钊（1889年10月29日—1927年4月28日），字守常，河北乐亭人。他是中国共产主义运动的先驱，伟大的马克思主义者，杰出的无产阶级革命家，中国共产党的主要创始人之一。

李大钊

红色故事

碣石盟誓报国之处

在河北省唐山市乐亭县李大钊纪念馆的前广场，矗立着8面描绘李大钊一生重要经历的浮雕墙，其中有两面是关于五峰山的。五峰山位于秦皇岛市昌黎县，在李大钊走向革命先驱道路上具有重要的意义。作为中国最早的马克思主义者，他曾8次登临五峰山，在这里游览、暂居、避难和从事革命活动，播撒下共产主义的火种。李大钊钟情于此地，把五峰山视为"第二故乡"。

"我出生在离北戴河大约百里的海滨。"李大钊在留学日本时的英文习作《我的自传》中曾这样描述他的第二故乡。早在1905年，李大钊就曾作为永平府中学堂招考的第二届学生，到永平府治所卢龙县城内的永平府中学堂学习，从此与秦皇岛结下了不解之缘。

在永平学府仅两年的时间里，李大钊就开始接触西方先进科学文化知识的启蒙，广泛接触社会新思想，他眼界大开，逐渐从科举道路的思想禁锢中解脱出来，把个人的命运与国家前途联系在一起，开始了一生的伟大追求。

1907年，有感于"国势之急迫，急思深研政理，求得挽救民族，振奋国群之良策"，李大钊决心从研究政治入手，寻求民族解放的道路，因此没等毕业，就赶赴天津报考北洋法政学堂。李大钊顺利通过天津北洋法政学堂的入学考试。8月，他意气风发，怀着对新学校的憧憬以及政治救国的理想，离津归乡途中与好友登临五峰山。山中雾霭缥缈，零雨不止，李大钊为山中的美景所吸引，还结识了居住在山内韩文公祠的守祠人刘克顺。李大钊首次登临五峰山，就深深地爱上了五峰山中的秀美风光，爱上了韩文公祠内的粗茶淡饭和优雅环境。五峰环屏的景观和守祠老人刘克顺的热情相待，给从小喜爱大山的李大钊留下了美好印象，李大钊认为"生平此游最乐"。

1913年9月，李大钊东渡日本前夕回到家乡与好友再度访问五峰山，夜晚留宿在韩文公祠。李大钊在游览五峰之一的望海峰时，偶然路过一座山村，在与一位农民攀谈时，被赠予数十枚梨子，农民淳朴和豪爽的品质让李大钊尊敬、信任，这种情感是他日后重视农民问题的原因之一。除了参观自然景观，李大钊还将山中古寺、石刻尽数浏览。1900年，义和团运动爆发。昌黎人民在义和团的领导下，也投入到这场反帝运动中，他们烧毁天主教堂，砸毁基督福音教堂，遭到八国联军的围剿。八国联军沿津榆铁路来到昌黎，一路烧杀抢掠。《辛丑条约》签订后，中国主权沦丧，昌黎车站作为北京到山海关的沿线车站，成为允许八国联军驻扎的军事战略地，当时由日本和英国轮流值守。从那时起，帝国主义国家仰仗特权，经常肆意欺辱、屠戮中国人民。李大钊山居期间，昌黎火车站5名路警因阻拦日军士兵胡作非为而惨遭日军杀害，李大钊闻讯悲愤交加，祖国的山河之美再也无法让这个青年平静下来。面对黑暗的现实，他在五峰山上盟誓报国，并写下《游碣石山杂记》：

"彼倭奴者，乃洋洋得意，昂首阔步于中华领土，以戕我国士。伤心之士，能无愤慨？自是昌黎遂为国仇纪念地。山盟海誓，愿中原健儿，勿忘此弥天之耻辱，所以不与倭奴共戴天者，有如碣石。"

盟誓碣石后，李大钊东渡日本求学。

《我的马克思主义观》的写作地

1917年，李大钊回国后，俄国十月革命爆发，他开始关注这场马克思主义领导下的革命，并多次重返五峰山，探望结下深厚情谊的刘克顺老人；在幽静山林中，潜心研究俄国十月革命的真谛；登上山巅静坐、思索，以尽览风景的胸怀坚定革命信心。

李大钊这次入山，没有沉迷于山中景色，而是投身于革命理论研究，长子李葆华回忆道："父亲进山以来，他就投入紧张而有秩序的工作。他随身带了许多马列主义书籍，每天除了埋头读书，就是伏案挥笔疾书。只有在工作实在疲劳时，才走出祠堂休息休息。" 李大钊为反驳胡适的《多研究些问题，少谈些"主义"》而写的《再论问题与主义》就是在韩文公祠堂内完成的，这篇檄文明确指出马克思主义作为"世界文化上的一大变动"值得去研究，中国的社会问题只有通过阶级革命才能解决。

李大钊来到五峰山更为重要的使命就是完成一篇有影响力的宣传介绍马克思主义的文章。为此，李大钊通过潜心研究马克思主义经典著作，撰写出了中国最早系统介绍马克思主义的论文《我的马克思主义观》，由此高高擎起马克思主义的大旗。文章介绍了马克思主义理论体系三大组成部分——唯物史观、政治经济学和科学社会主义的基本原理，并指出"阶级竞争说恰如一条金线，把这三大原理从根本上联络起来"。李大钊格外重视阶级竞争理论，笃定这就是打破旧秩序、建立社会主义制度的唯一手段和方法，是中国革命的蓝图。从此，李大钊便告别了民主主义，成为一名马克思主义者。这篇文章可谓"雄鸡一鸣天下晓"，不仅为无数迷茫的青年指明了一条革命道路，更为中国共产党的创建提供了理论指导。

撰写介绍马克思主义著作时，他用山顶上最喜爱的一棵"孤松"作为了自己的笔名。

遭反动当局通缉的避难所

中国共产党建立后,李大钊代表党中央指导北方地区党的工作,同时担任中国劳动组合书记部北方区分部主任,在北方广大地区领导宣传马克思主义,开展工人运动,建立党的组织,做了大量的工作。

1924年5月,为躲避北洋政府的追捕,李大钊最后一次来到五峰山。6月上旬,党内决定委派李大钊为中央代表团首席代表,赴莫斯科参加共产国际第五次代表大会。他接到作为代表参加共产国际大会的通知时,前来通知的党内同志给他带来夫人赵纫兰写的一封家书,赵纫兰在信中与他商量,想给他在北洋法政学堂读书时的同窗好友、时任吴佩孚总参议的白坚武写一封信,请其设法撤销通缉令。

李大钊不同意夫人的做法,在告别五峰山的夜晚,李大钊给妻子赵纫兰写下一封家书,满怀信心地说:"目前统治者的这种猖狂行为,只不过是一时的恐怖罢了。不出十年,红旗将会飘满北京城。看那时的天下,竟是谁人的天下!"

这次避难是李大钊最后一次来到五峰山,在接下来的岁月里,他又何尝不想再度登临自己挚爱的这片山川,但从苏联归国后的李大钊重任在身,为革命事业呕心沥血直至牺牲。

1927年4月28日,李大钊被军阀绞杀在西交民巷京师看守所内。牺牲前,他还在竭尽全力保护战友和同志。

相关链接

五 峰 山

五峰山位于河北昌黎北五公里处的碣石山中,距李大钊故乡乐亭40公里。"山不在高,有仙则名,水不在深,有龙则灵。"碣石山为燕山山脉的支脉,虽山不尽显高大,名不如雷贯耳,但由于景色秀美且毗邻渤海,地理位置显赫,因此引得古代许多帝王将相前来巡行观海,自古就有通谷之幽、"神岳"碣石的美誉。曹操于建安十二年(207年)率师北伐,凯旋途中登上了秦皇、汉武曾登临过的碣石山,心潮激荡,浮想联翩,挥笔写下了著名诗篇《观沧海》:"东临碣石,以观沧海，水何澹澹，山岛竦峙。……"碣石即昌黎的碣石山。毛泽东主席于1954年夏天也在北戴河怀古思今，写下了"往事越千年，魏武挥鞭，东临碣石有遗篇"的著名诗句。

五峰山南侧山腰建有"韩文公祠"，用来纪念唐代大文学家韩愈，他祖籍河北昌黎。韩文公祠建于明代，正殿内塑有韩愈泥像。祠后峭壁高处刻有"泰山北斗""五峰环翠"八个大字。祠庙坐北朝南，三面环山，前对幽谷。晴天远眺，可见渤海波涛汹涌，浪花四溅，岸边沙丘起伏，延绵不断。这里古树参天，松山葱郁，林果茂盛，鸟语花香，是赏景、隐居的绝佳之处。

五峰山革命遗址

思考感悟

大钊"活"在五峰山

杰出的无产阶级革命家李大钊八上五峰山，或游览，或山居，或避暑，或避难，在这里写下了许多的诗文、论著等，为中国革命事业做了大量工作。如今，红旗猎猎已满天下，匆匆一别后，五峰山却再也没等到李大钊的归期。然而，这里的人们却没有忘记那个于此勾勒出鲜红党旗雏形的先驱者。五峰山的山山水水也铭记了一代伟人的历史足迹。

●思考：通过阅读来缅怀革命先驱，弘扬大钊精神，传承红色基因。伟大的马克思主义者李大钊留给后人哪些宝贵的精神财富？

作为中国共产主义运动的先驱、伟大的马克思主义者、杰出的无产阶级革命家、中国共产党的主要创始人，李大钊为马克思主义在中国传播，为中国共产党建立、巩固和发展，为民族独立、人民解放和国家富强、人民幸福，作出了杰出的思想贡献和理论开拓。李大钊短暂而又辉煌的革命生涯，留给我们的宝贵遗产不仅是博大精深的思想，还有矢志不移的理想信念、坚韧不拔的革命意志和崇高的精神品格。

研学实践

五峰山李大钊革命活动旧址

大钊精神早已在他的"第二故乡"生根发芽、代代传扬。1987年，昌黎县委县政府将韩文公祠修复一新，在五峰山界石岭竖立李大钊汉白玉全身雕像；1991年，昌黎县成立李大钊研究会；1998年，"五峰山李大钊革命活动旧址"被定为河北省爱国主义教育基地；2023年3月，昌黎县五峰山被共青团河北省委命名为2022年河北省青少年教育基地。

●践行：重走大钊路，感悟大钊精神，通过研学实践，谈谈你的收获和体会。

江山如画，岁月兴替，唯精神永存！1927年4月28日，李大钊英勇就义，时年38岁。现在，一座汉白玉的李大钊雕像屹立于五峰山中，李大钊将永远与他钟爱的五峰山水朝夕相伴！

★第二回　铁工厂里的引路人

人物简介

王尽美（1898年—1925年8月19日），原名王瑞俊，山东省诸城市枳沟镇大北杏村人，中国共产党创始人之一，山东党组织最早的组织者和领导者，在党的创建和早期革命活动中，作出了卓越贡献。

王尽美

红色故事

"红船"上年轻的一员

1921年7月下旬至8月初，十余位风华正茂的革命者辗转于上海与嘉兴之间，荡舟南湖，在惊险与激情中，一个崭新的政党——中国共产党诞生。

南湖上的游船由此获得了一个永载中国革命史册的名字——"红船"。时年23岁的王尽美是"红船"上年轻的一员。

王尽美，原名王瑞俊。中国共产党的建立坚定了他为实现"尽善尽美"的共产主义崇高理想而献身革命的信心和决心，为此他改名王尽美，并写下这样的诗句：

贫富阶级见疆场，

尽善尽美唯解放。

潴水泥沙统入海,

乔有麓下看沧桑。

京奉罢工唤怒潮

"尽善尽美唯解放",百年后,当我们再一次走进中铁山桥集团有限公司,才真正理解到这诗句的真谛。

1922年8月,王尽美作为中国劳动组合书记部(中华全国总工会前身,1921年中国共产党专门成立的领导工人运动的总机关)北方分部副主任,来到山海关(化名刘瑞俊),以京奉铁路山海关铁工厂(中铁山桥集团有限公司前身)为重点,组织领导工人运动,并建立了秦皇岛地区第一个党组织。

"工人白劳动,厂主吸血虫。工人无政权,世道太不公。工人站起来,革命打先锋。"多才多艺的王尽美曾教工人以《苏武牧羊》的曲调传唱这首歌谣。

百年前的山海关,扼京奉铁路咽喉,是铁路工人比较集中的地区,具备开展工人运动的有利条件。

王尽美把山海关铁工厂作为发动全地区铁路工人起来斗争的重要活动阵地。在他的组织领导下,京奉铁路山海关铁工厂工人团结起来,以反对铁工厂封建把头赵壁为开端,掀起了京奉铁路的第一次工人大罢工运动。这也是秦皇岛历史上的第一次工人大罢工。罢工从10月4日开始,10月9日工人卧轨截车,导致京奉铁路中断4个多小时,迫使京奉铁路局于12日答复了工人所提条件。

历时9天的山海关铁工厂工人大罢工,在王尽美的领导下树立起一面胜利的旗帜。在这面旗帜的带动下,秦皇岛、唐山两地的工人运动此起彼伏:山海关铁工厂工人罢工胜利宣告上工的当天,京奉铁路唐山制造厂就宣告罢工。10月23日,唐山制造厂罢工胜利后的第三天,秦皇岛港和唐山开滦五矿(唐山、赵各庄、林西、马家沟、唐家庄)工人的总同盟罢工又开始了。

秦皇岛港码头工人在王尽美的组织领导之下,妥善处置各种事变,斗争讲究策略,令反动军警无迹可寻,未敢猖狂镇压,罢工一直持续至11月17日。

英国《泰晤士报》曾报道:"查五矿同盟罢工,以秦皇岛团结最力……所以罢工三星期之久，举动文明，毫无激烈之行为。"

近百年前，数千名刚刚组织起来的工人，竟然可以做到这种程度，足见王尽美高超的领导艺术和所下的苦心。

成立党组织

王尽美特别注重从根本上提高积极分子的革命觉悟，使大家明白工人斗争不只是为了涨几个钱，而是为了整个阶级的利益。

经过两次罢工斗争的实际锻炼和考察，王尽美觉得发展党员的时机已经成熟，于是他对骨干分子加紧了党的教育并告诉他们，不是王尽美个人有多大能力，而是有一个为无产阶级奋斗的党。他们对党有了认识，产生了入党的意愿。

1922年9月，王尽美和杨宝昆（1921年8月，我党派来秦皇岛地区的第一个共产党员）一起发展佟惠亭、刘武入党，正式成立以杨宝昆为组长的党的秘密小组。这样，秦皇岛地区就在中国共产党成立后的第二年有了第一个党组织。

秘密小组成立后，又陆续发展了鲁懋堂、王桂林、王国清等人入党。到1923年2月，党的秘密小组党员数量达到13名。

1923年2月，京汉铁路发生反动军阀屠杀罢工工人的"二七惨案"后，山海关反动当局也伺机反扑，于2月中旬的一天逮捕了王尽美和杨宝昆。

在党的秘密小组的领导下，400多名工人集结起来，围攻反动当局，成功营救出了王、杨二人。但是不久后因反动军阀通令缉捕，王尽美还是不得不于2月下旬离开了秦皇岛。

相关链接

铁工厂与中铁山桥

中铁山桥有限公司于1894年建厂，是目前秦皇岛地区历史最悠久的工厂，也是当地红色革命历史最悠久的一座工厂。

1894年，在铁路沿线上，山海关开办造桥厂，其最早的一批工人，是当年为修建滦河大桥而招收的技工。滦河大桥修建成功后，按规定应解散修建队伍，但时任北洋大臣、关东铁路督办的李鸿章觉得可惜，于是他上书朝廷，表达自己的态度："厂内三百技工'得之不易，如遣散实为可惜'……"1893年5月，当津榆铁路修至山海关时，北洋官铁路局筹建了以锻制铁路工务用品为主要业务的山海关工厂，开始生产铁路常用的简单工务产品。这批工人终于有了用武之地，在李鸿章的影响下，清政府最终留用了这批技工，并拨请白银48万两，将参加架设滦河桥的300余名工人集中到山海关工厂，合并成立山海关造桥厂。这几百名技工，是秦皇岛历史上记载的最早的一批工人，短短二十多年以后，这里就成为革命最坚决的阵地，也成为秦皇岛地区的革命摇篮。

1916年11月，山海关造桥厂改名为京奉铁路山海关铁工厂，隶属京奉铁路管理局。1921年，京奉铁路管理局任命英国人詹姆斯·博曼为山海关铁工厂副厂长，陈宏经为铁工厂机械工程师。截至1922年，王尽美来到山桥时，山海关铁工厂有工人1383人；1923年，职工增加到1924人。而到了20世纪20年代末，山海关共有铁路工人2800余人，其中，山海关铁工厂2000余人，车务、工程、工务、车头房共800多人。在这里面，铁工厂无疑是占人数比重最多的产业。（据《铁道部山海关桥梁工厂志》）

山海关铁工厂旧照

始于1894年，历经三个世纪，走过130年发展历程，悠久而又年轻的"中铁山桥"，不仅仅是一个企业的名字，它代表的是前景光明的中国现代民族造桥、铁路机械工业，代表的是真正意义上的中国与世界知名行业企业角逐的一张"王牌"和"品牌"，被誉为"中国钢桥梁钢结构产业的摇篮""中国最大的铁路道岔研发制造基地""中国重要的大型工程机械专业修造商"。

从"万里长江第一桥"——武汉长江大桥，到打破苏联专家"中国人自己不能在长江造桥"断言的"争气桥"——南京长江大桥；从被业界赞誉为"世界翘楚"的香港昂船洲大桥，到被称为"世界第八大奇迹"的世界级跨海大桥——港珠澳大桥；从"一带一路"倡议的重要交通支点工程——孟加拉国帕德玛大桥，到瑞典首都斯德哥尔摩的"金桥"……至今，山桥已累计制造各种桥梁3200余座。这些桥梁中有38座跨长江、20座跨黄河、17座跨海湾，跨过大江大河乃至大洋，展现出世界一流的"中国跨越"。

思考感悟

尽美精神

王尽美虽然走了，但他却在秦皇岛地区为党的事业播下了点点星火。他使秦皇岛地区的工人阶级真正组织起来，在恶劣的环境中，工会仍然坚持活动；他领导建立了秦皇岛地区第一个党组织，为以后成立支部做好了准备；1924年初成立的中共山海关特别支部委员会，书记、委员都是他发展的党员，一直活动到1929年。

"红船"上带来的红色基因，从此在山桥扎下了根，被山桥人一代代传承。一代代山桥人逢山开路、遇水架桥，凭借自强不息的工匠精神，创下了一个又一个"中国第一"乃至"世界第一"，书写出新时代的"红桥"精神。

● 思考：通过阅读早期工人运动领导者王尽美的革命事迹，感悟尽美精神的内涵。

研学实践

中铁山桥青年园

山桥人一直没有忘记王尽美，尽美精神也始终凝聚在山桥人的心中。为了永远地铭记王尽美，坚持和弘扬革命精神，在20世纪80年代初，山桥的青年团员利用业余时间，在厂区内建造了种有多种花木的 3500 平方米的青年园，将王尽美的汉白玉雕像安置其中。在 2012 年山桥建厂 118 周年的时候，又重修青年园，重茸了王尽美的汉白玉雕像，并举行了隆重的奠基仪式。

红色的山桥魂延续至今日，缔造了自强不息、百折不挠的"红桥"精神，新中国成立以后，山桥人创造了无数个"中国第一"和"世界之最"。

● 践行：参观中铁山桥青年园，感悟尽美精神，通过研学实践，谈谈你的收获和体会。

★ 第三回　工人阶级走上历史舞台

事件简介

开滦五矿大罢工是中国工人运动第一次浪潮中，继香港海员大罢工、安源路矿工人大罢工之后，又一次震惊中外的大罢工，是北方工人运动的高潮，推动罢工浪潮进入新阶段。同时，作为党领导工人运动的实践，它彰显了党强大的凝聚力和号召力，也为后来的革命斗争提供了宝贵的经验。

红色故事

"矿务局工友俱乐部"成立

1922年9月，秦皇岛市道北鲜果市场老街店的一所民居内，鞭炮齐鸣，"秦皇岛矿务局工友俱乐部"成立了。

一位年轻人在众人的簇拥下走了进来，全屋的人都站起来，以热烈的掌声欢迎他的到来。这人便是促成这一盛事的王尽美。

一个月前，王尽美在山海关成立京奉铁路工友俱乐部时，秦皇岛港口码头的工人代表就参加了这次盛会，从那时开始，王尽美就把关注的目光和革命的重点放在了秦皇岛港的码头工人身上。

秦皇岛港是中国第一批自开口岸，建于1898年，比铁工厂稍晚一点，是洋务运动的产物。这里采用英国人主管、封建把头控制基层工人的管理模式。铁工厂工人所受的苦,码头工人也一样承受着,铁工厂建立组织的经验,在这里也完全适用。

整个8、9月间,王尽美穿梭在秦皇岛港与铁工厂之间,他以一人之力,建立了两个"国"字头老牌企业的工友俱乐部,也让两个俱乐部互为援应,同声同气。

秦皇岛港露天大会

1922年9月,铁工厂相继召开两次露天大会,矿务局工友俱乐部负责人、委员长廖洪翔和副委员长孟学诚都参加了。10月4日,山海关京奉铁路工人第一次罢工,开滦五矿为表示支持,捐一日工资,支援罢工工人,秦皇岛港工友俱乐部代表在山海关铁路工人大会上表示愿同山海关工人"义同生死,决取一致行动"。同时,开滦各矿也投入与之配合的罢工斗争中,就在山海关铁路工人庆贺罢工胜利的13日,京奉铁路唐山制造厂的工人也宣布罢工,并取得了胜利。附近地区两次罢工斗争胜利,直接影响了整个京奉铁路线上的各路矿工人,增强了他们为争取改善待遇而斗争的决心和信心。就是在这股胜利的大潮下,王尽美等人发起了更大规模的罢工运动——开滦五矿工人大罢工。

16日晚,秦港工人代表、工友俱乐部委员长廖洪翔从唐山连夜赶回。他去唐山参加了"开滦五矿工人代表会议"。这次大会上,来自唐山、赵各庄、林西、马家沟和唐家庄的煤矿工人代表,在共产党员邓培的领导下,建立了"五矿同盟",共同拟定《开滦五矿工人联合请愿书》。有了联合请愿书,再加上裁员令在港区里怨声载道,王尽美认为在秦皇岛港开展工人运动的时机已经成熟,于是着手筹备工人露天大会。

17日晚,写着"劳工神圣"的大横幅高高挂在了秦皇岛港机器房门口,血红的大字格外醒目。熙熙攘攘的人群来到签到桌前,签上自己的名字。厚厚的签名册很快就写满了名字。

秦皇岛港露天大会开得非常成功。除了秦皇岛港口工人参加了大会,其他各矿的工人代表,也都赶来支援。王尽美在热烈的掌声中走上主席台,发表了演讲,并当场宣读《开滦五矿工人联合请愿书》,接着各矿代表又上台轮番发言,介绍各矿罢工、反抗的情况。现场不断响起雷霆般的掌声，集会在王尽美创作的《劳工歌》的歌声中结束。

矿务局对工人的请愿拖延不办。21日，王尽美亲自起草，给港务局总经理丘尔顿送去了《最后通牒》，但丘尔顿未作回复。工人代表廖洪翔于第二天上午取回唐山总部指示，并带回了《开滦五矿总罢工宣言》，准备正式启动联合罢工。

23日，秦皇岛港码头工人几千人聚集东大庙，王尽美在会上宣读《开滦五矿总罢工宣言》和《致开滦矿务局总经理函》。会后，声势浩大的示威游行开始，港口6000名工人几乎都加入了游行队伍。

同一天，开滦五矿全体工人大罢工开始，总计37000名工人走进罢工队伍，中国北方第一次大规模、有组织且由中国共产党领导的罢工斗争轰轰烈烈地展开了。

开滦惨案

面对声势浩大的工人运动，开滦英国主管们极为惊慌，他们加紧勾结军阀，调兵遣将，部署武装力量镇压，直系军阀吴佩孚的主子曹锟派出一个师的兵力到林西、赵各庄、唐山等矿区驻扎。直隶省警务处在处长杨以德指挥下，派出800多名警察，连同原有矿警共1000多人分驻各矿，英军则驻秦皇岛和唐山。这一次，军阀和列强联手，势要扼杀工人运动于摇篮之中。

铁工厂派去镇压工人运动的是路局的警务处处长吴大廷，最终狼狈收场。而开滦煤矿的杨以德态度则更为强硬。为保护工友们的安全，各地工友俱乐部组织人员成立了工人纠察队。但各矿持续不断的罢工还是酿发了武力冲突。

10月26日，矿警队开始抓人，杨以德亲自率领警务厅及矿警队，捉拿了开滦矿7名工人纠察队成员。

工人们聚集在警察局门口，高举"劳工神圣"的大旗，要求释放被捕工人。而杨以德却把警力全都调来，守在警察局，向工人们喊话，让他们赶快解散。"要是有人敢往里冲，格杀勿论！"

工人们愤怒回应："放人！不放人绝不走！"双方持续喊话近30分钟，仍无结果。终于，一名工人情绪失控，向警察局冲来。警察开枪，工人中枪倒地。

这一声枪响,成为导火索。冲突中,死伤工人50多名,酿成"开滦惨案"。

万众一心取得罢工胜利

"开滦惨案"轰动全国。王尽美在山海关得知此事,心情沉重。他需要增加工人纠察队人手,防止开滦矿事件在铁工厂重演。王尽美代表矿务局工友俱乐部连夜起草《秦皇岛矿务局全体工人痛告国人书》,揭露军警们的罪行。

工人代表连夜奔赴北京,致电参、议两院,陈述开滦当局及军警镇压工人真相,要求将杨以德为代表的矿警队凶手法办。开滦五矿共37000名工人参加的第二次大罢工开始。

大罢工造成了秦皇岛港有史以来最严重的经济恐慌。港区内无人工作,船舶全部停运,不能起航,开滦大量煤炭堆积,无人装卸。港口生产完全瘫痪了,各种生活设施也遭到破坏。

一天后,唐山启新洋灰厂8000名工人罢工,罢工的范围再次扩大。数万名工人的罢工,造成了整个开滦五矿生产的瘫痪,而开滦当局故伎重施,以拖延的方式,想给工人造成生活危机,让工人陷入困境。面对这一伎俩,王尽美组织工友俱乐部,投入大批的人力、财力,组成救济组织,后又办起粥厂接济罢工工人,以维持最低生活。

党组织这时也伸出了援助之手,除在经济上给予援助外,还通过舆论组织各地声援,李大钊领导的马克思主义学说研究会首先响应,举起全国应援大旗,各地工友俱乐部也纷纷捐款,支持五矿罢工。

王尽美为此夜以继日,写下无数慷慨激昂的文字,呼吁全国捐款捐物相助。

终于有一天,一封重要的电报放到了王尽美的桌上,让他不禁欢欣鼓舞起来。他把所有的人都叫进屋里,举起电报,激动地说:"大家看看,这个捐款人是谁?"

大家看见电报上只有一行字:孙逸仙为我们捐款。兄守长。孙中山捐款的消息如同奔涌的狂流冲破了堤坝,全国大规模的捐款席卷而来。

罢工第25天,开滦总局终于挺不下去了。

1922年10月16日晚,开滦秦皇岛工友俱乐部在机厂西门外广场举行露天集会,号召工人参加"救命"运动

1922年11月21日,开滦总局与工人代表进行了长达一天的谈判,最终同意了工人的大多数要求。当日,各地工友俱乐部通知工人,可以复工。

轰轰烈烈的开滦五矿工人大罢工,至此走向尾声。工人提出的多数要求如涨工资、年终花红、缩短劳动时间等,均争取成功。北方最大的工人罢工在王尽美的领导下,获得完胜。

相关链接

秦 皇 岛 港

秦皇岛港始建于1898年,是清代光绪皇帝御批的首批自开口岸。它位于河北省东部、渤海湾西岸,扼华北、东北之咽喉,居京、津、唐经济区东侧,东有历史名城山海关,西有避暑胜地北戴河,经济地理位置十分重要。港口自然条件优良,素以不冻、不淤、水深、浪小等著称。港区交通发达,集疏运条件优越,京山、沈山、京秦、大秦四条铁路干线以及京秦高速公路直达港口,大庆至秦皇岛输油管线直达码头前沿;港口经济腹地辽阔,主要包括华北、东北、西北各省(直辖市、自治区);港口经营范围广阔,进出口货类主要以煤炭、石油、粮食、化肥、水泥、矿石、饲料为大宗，并大力发展集装箱运输业务。经由秦皇岛港下水的煤炭占全国北方主要沿海港口下水煤炭总量的50%左右。港口除承担国内货物的中转外，还与世界上80多个国家和地区的港口保持着经常性的贸易往来。

思考感悟

● 思考：王尽美领导的工人罢工运动为什么能够取得胜利？王尽美作为共产党的优秀工人运动领袖，给我们留下了哪些精神财富？

研学实践

● 践行：

1. 一百多年前中铁山桥（山海关桥梁厂）是秦皇岛地区的革命阵地和摇篮，走入中铁山桥，感受百年老厂的时代变迁、发展历程。寻找各时期的照片，谈谈你的感受。

2. 秦皇岛港已有一百多年的历史，历经时代变迁，至今仍风姿卓绝，请你走入港口，触摸历史痕迹，追寻红色记忆。

★ 第四回　我们有了"党支部"

历史背景

　　山海关地处河北省与辽宁省之屏界,是京奉铁路横贯关内外的咽喉要塞,素有"天下第一关"的美誉,被称为"两京锁钥无双地,万里长城第一关"。随着现代铁路的建立与发展,山海关地区形成了初具规模的铁路工人队伍,为工人运动的开展和党组织的建立提供了良好的群众基础,为党领导反帝反封建的革命运动提供了有利条件。

红色故事

山海关地区的早期建党活动

　　党一直以组织领导全国工人阶级革命斗争为己任,也对山海关地区铁路工人十分关心。1921年8月,中国劳动组合书记部把共产党员杨宝昆由长辛店机车车辆厂派到山海关,以山海关铁工厂铁匠职业为掩护,创办工人夜校,对工人进行启蒙教育和初步的发动与组织工作。

　　1922年5月,当山海关铁路工人在长辛店铁路工人的影响下,要求成立工友俱乐部时,党又派共产党员安体诚、陈为人来山海关巡视指导工作。由于他们不能长期留在山海关开展工作,所以二人一边帮助工人筹建工友俱乐部,一边又把山海关铁路工人的要求汇报给中国劳动组合书记部。

1922年7月，中国劳动组合书记部主任邓中夏同志来山海关视察，后又指派中国劳动组合书记部北方分部副主任王尽美，来山海关地区组织铁路工人运动。在中国劳动组合书记部统筹下，王尽美直接领导的工人运动逐步开展了起来。一批批工人中的先进分子，在斗争中逐渐涌现出来，他们对党有了认识，产生了入党的要求。

1922年11月，王尽美和杨宝昆先后接收佟惠亭、刘武入党，并正式成立了以杨宝昆为组长的党的秘密小组，这个秘密小组直接受王尽美的领导。这是京奉铁路早期建立的党组织之一。秘密小组成立后，又陆续发展了杜希林、李连生、任荣华入党。1923年1月，鲁懋堂、林茅新、王桂林、寇文德、王国清、徐金明、刘朋相继入党。到1923年2月，党小组共有党员13人。

也正是因为组织越来越大，活动成果显著，所以很快就遭到了敌人的清算，为了保障安全，党员们需要陆续撤离。王尽美走后，反动派对山海关铁路工人发动了疯狂的进攻。工友俱乐部被查封，多名共产党员和俱乐部负责人也遭到追捕。为了躲避敌人的追捕，杨宝昆、刘武、佟惠亭等先后离开山海关，鲁懋堂因遭吴佩孚的通缉，也奉命由山海关转移到哈尔滨。只剩下王桂林等少数尚未暴露的共产党员继续坚持地下活动，山海关地区铁路工人运动也暂时转入了低潮。

山海关特支的建立

1924年，中国共产党领导下的革命统一战线形成，在第二次直奉战争中，直系军阀吴佩孚被打败，一些他曾经公布的对工人运动的禁令随之消失，全国革命形势又迅速地发展了起来。于是党决定利用这一有利的形势，把山海关地区的工作也重新恢复和发展起来。

1924年9月，原在山海关工作的共产党员鲁懋堂，接到当时党中央负责人的命令，由哈尔滨重新回到山海关。1924年11月，上级党组织派吴汝明、张昆弟来山海关，指示鲁懋堂把山海关地区的共产党员组织起来，建立党的特支，并任命他为特支书记。山海关党的组织由过去的党小组,发展为山海关铁路特别支部。

山海关特支成立后,最迫切的任务就是恢复工会组织和党在工人中的活动。为此特支首先恢复了工人夜校,通过夜校向工人秘密宣传党的主张和一些方针政策,组织他们学习《工人周刊》《北方红旗》《二七工人》等刊物,以提高其认识,鼓舞其斗志。中国劳动组合书记部先后派李培良、王玉山、刘玉堂等来夜校讲课,为宣传工作提供有力支持。

在加强思想教育的同时,特支还注重工人中的组织工作,主要是通过党员或党的积极分子去组织工会秘密小组。在党的积极活动下,不久就在铁工厂建立了王桂林和冠文德秘密小组,车头房建立了王国清秘密小组,翻砂厂建立了乔振海和康玉琪秘密小组。山海关工会活动的秘密恢复标志着山海关地区铁路工人运动的复兴。

这一时期,山海关铁路特支注意培养党的积极分子,并把一些经过考验已经达到党员标准的积极分子,吸收到党内来,扩大党的队伍。到1927年底,山海关铁路特支共有共产党员13人,团员2人。

从山海关特支建立到第一次国内革命战争结束,特支没有组织大规模的群众斗争,而是根据当时所处的具体环境,扎扎实实地进行群众工作和党的建设。因此,当蒋介石和汪精卫发动反革命政变,疯狂镇压工人运动,残酷屠杀共产党人的时候,山海关地区党组织没有遭到破坏,被完整地保存下来,在新的历史条件下,继续坚持斗争。

可惜,在中国革命转入第二次国内革命战争以后,党支部由于缺乏在新的历史条件下的斗争经验和正确的指导方针,仅坚持了两年,就因为贸然发动群众砸国民党的黄色工会,而遭到严重的破坏。

1929年8月8日,特支书记鲁懋堂、支委楚明年、团员康玉琪等,先后被敌人逮捕,其他党员也相继离开山海关。中共山海关特支就此终止了活动。山海关特支遭到破坏后,特支书记鲁懋堂被押送至天津第三监狱,其他党员也因遭到迫害,被迫与党脱离了关系。即使这样,从历史的角度看,山海关地区党的活动,仍然是我党成立后早期建党活动的一个重要组成部分。

铁工厂的铁路工人罢工运动

北方地区因为地势平坦宽阔、资源丰富,铁路运输发展十分迅速。山海关作为交通枢纽,很快建起许多与铁路产业相关的工厂,到1920年,山海关铁工厂就已经有铁路工人2800余人。当时京奉铁路为英帝国主义所霸占,广大铁路工人在帝国主义、资本家和封建把头的重重压迫和剥削下,过着牛马般的生活。

工人多次组织斗争都没有形成规模,以失败告终了,但是中国共产党的成立,给山海关区铁路工人的反抗斗争送来了指路人。在中国劳动组合书记部的直接关怀和王尽美同志的亲自领导下,开展了一场轰轰烈烈的工人罢工运动。

山海关铁工厂是铁路工人比较集中的地方,也是广大铁路工人同帝国主义、资本家以及封建把头矛盾最尖锐的地方。王尽美把铁工厂作为工作的重点,从发动铁工厂工人斗争入手,把全地区铁路工人发动与组织起来,建立了工友俱乐部,组织工人采取民主选举的方法,选举了俱乐部委员,将其他单位的部分铁路职工也吸纳进来,提高影响力。

王尽美通过俱乐部开办了工人夜校,组织工人学习文化,开展文艺活动,亲自向工人通俗地宣传革命理论,介绍俄国十月革命后,工人当家作主的情况,号召工人加强团结,开展斗争。从反对封建把头赵壁开始,通过两次露天大会,对当局的铁路部门施压,为工人谋取利益。为扩大影响,王尽美起草了罢工宣言,团结全国的工会组织。而山海关区的铁路工人们团结一致、不畏强敌、英勇果敢地卧轨截车。最后铁路部门妥协,开除了压榨工人的头目,为工人们提高了待遇,保障了工人的权益,这标志着持续9天的罢工运动取得了完全的胜利。

山海关地区铁路工人的罢工,是京奉铁路工人第一次大罢工,它为京奉铁路工人树立了一面胜利的旗帜,在中国铁路职工运动史上写下了光辉的一页。这次罢工斗争,不仅改善了工人的经济待遇,而且从政治上打击了帝国主义、资本家以及封建把头的反动气焰,显示了中国铁路工人在中国共产党领导下的伟大力量。实践证明,只要在中国共产党的领导下,人们团结一致,坚持斗争,就能一步一步地夺取胜利。

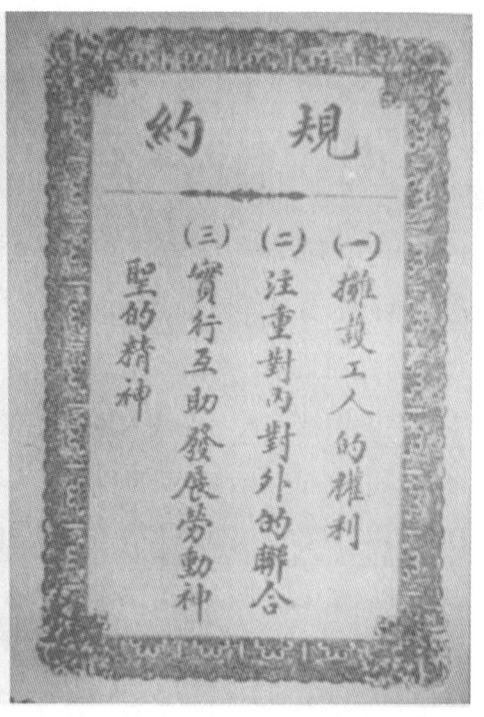

铁路工友俱乐部会员证

相关链接

秦皇岛第一个共产党员杨宝昆

杨宝昆1880年生于天津,由于生活所迫,他二十几岁的时候领着两个弟弟到北京长辛店铁路工厂做铁匠,每天要抡锤打铁十几个小时。散工后,兄弟三人依偎在破工棚里,啃硬菜团子。杨宝昆虽然做着粗活,但心却非常细。严酷的现实生活,让他经常陷入思考,产生了改变社会现状的强烈愿望。他立下志向,一定要赶跑骑在工人头上的洋人、资本家、工头恶霸,让穷苦弟兄们吃上饱饭、住上好房、穿上暖衣。

1920年10月,北京共产主义小组成立后,李大钊派邓中夏等人到北京京汉铁路长辛店开展工人运动,创办劳动补习学校,并成立长辛店铁路工会。杨宝昆第一批报名在劳动补习学校学习。半年的时间里,杨宝昆学到了不少知识,思想开始成熟起来。1921年7月,中国共产党宣告成立。北方党组织领导人李大钊责成中国劳动组合书记部北方分部在产业工人中发展一批工人党员，把北方的革命火种点燃起来，杨宝昆在长辛店第一批加入中国共产党。入党后，杨宝昆担任工会委员，整天为工人的事奔走，为维护工人利益英勇斗争，积累了丰富的工人运动经验。

　　1921年10月，中国劳动组合书记部北方分部派杨宝昆到京奉铁路山海关铁工厂，以铁匠的身份开展革命活动。在了解了山海关地区工人状况后，秘密开始革命宣传与发动工作。有重点地启发有觉悟的积极分子，办起了工人夜校，以教书识字的名义团结工人，由浅入深地向工人们宣传革命道理。在杨宝昆的秘密宣传、组织、引导下，山海关铁工厂的工人不断加入，工人活动逐步展开。

　　1922年4月，京汉铁路长辛店工人俱乐部成立，杨宝昆等人决定将夜校改成工友俱乐部，在中国劳动组合书记部密查员安体诚的帮助下，利用吴佩孚"保护劳工"的旗号，使"禀帖"获准，筹建了山海关京奉铁路工友俱乐部，杨宝昆当选为俱乐部交际委员。山海关京奉铁路工友俱乐部的建立，使山海关铁工厂工人有了自己的战斗组织，也为我党领导和开展工人运动创造了条件。

　　1923年2月初，杨宝昆作为京奉铁路总工会山海关分会的工人代表，到郑州参加京汉铁路总工会成立大会。3月，京奉铁路总工会山海关分会被封闭后，他离开山海关。1928年，杨宝昆于丰台家中被捕，在北京天桥刑场被敌人杀害。

思考感悟

● 思考：在党组织领导山海关地区工人运动前，铁工厂的工人也自发组织过数次斗争活动，为什么只有在中国共产党的领导下他们才取得了胜利？

研学实践

● 践行：参观中铁山桥红桥文化广场，体味"红桥"精神，重温山海关建党历史，并写一篇导游稿，向更多人讲述山海关党支部的故事。

第四回　我们有了"党支部"

中铁山桥车间

★第五回 冀东抗战的揭幕人

人物简介

王平陆（1902年—1938年1月），1932年2月加入中国共产党，曾任中共迁安县委书记，京东特委委员，冀热边特委书记、军事部长和华北人民抗日自卫会冀东分会常委等职。创建华北抗日联军冀东第一支队，任支队司令员。1938年1月7日夜，率队攻打迁（安）青（龙）交界处的清河沿敌伪警防所时负重伤，翌日牺牲。

王平陆

红色故事

光荣入党

王平陆，原名高永祥，1902年出生于河北梨花峪，农家子弟。他正直仗义，刚正不阿。25岁那年，他与人结伴闯关东，在哈尔滨中东铁路谋生，与苏联铁路职工共事，朝夕相处，耳濡目染，了解了十月革命，接受了马克思列宁主义，懂得了只有枪杆子才能推翻黑暗势力的道理。九一八事变后，他不忍心看着日本侵略者涂炭东北同胞，怀着一腔民族义愤返回家乡，准备举枪抗日。高永祥回村后，走朋访友，高谈十月革命、布尔什维克、九一八事变等，宣传"国家兴亡，匹夫有责"等救国救民之道理，提出"东北成立义勇军，口里也得准备抗日"的主张。他的言行，在山村引起反响，引起了当地党组织的注意。中共地下党的同志主动接近他、关心他和培养他。1932年春，高永祥正式被批准加入中国共产党，并化名"王平陆"。从此，他立志跟定共产党，用枪杆子替被压迫、被奴役的劳苦民众打江山，开辟一条通往自由幸福的"平坦之路"。受其影响，弟弟高永瑞也加入党组织，妹妹高素珍入了团。1933年下半年，他接任迁安县委书记，在他的领导下，全县很快发展到40多个支部400多名党员。

组建华北抗日联军第一支队

1934年1月，迁安暴动开始，举事仅三天就遭到地方警团的残酷镇压。暴动失败后，弟弟高永瑞等20多名党员和骨干被捕入狱；老父亲一路乞讨到热河高里木避难；儿子高玉书藏到其姨娘家柴草垛里才躲过敌人的疯狂追杀；妻子和襁褓里的幼女在颠沛流离中惨死。转眼间，王平陆一家四处离散，家破人亡。

在白色恐怖下，他一边发动群众，一边恢复党组织，带领了一支人数极少却都是党员的队伍。他借助民团，枪决了伪冀东防共自治政府所属的第三保安队队长刘佐周。

彭真来到冀东后，传达了中央瓦窑堡会议精神，并任命王平陆为冀热边特委书记。洛川会议后，王平陆任冀东分会常委兼特委军事部长。当时，群众恐日心理还很严重，全民的抗战情绪亟待激发和引导。他回到迁西，发动群众，把30多人的游击小组扩充到300多人，正式组建"华北抗日联军第三军区第一支队"，并任支队司令员。

冀东抗日的揭幕人

支队成立后，王平陆率队袭击青龙县清河沿村伪满"国境警防所"。1938年1月7日夜，日伪军正在酣睡，并无防备。王平陆指挥战士将警防所包围，搭起人梯翻墙入院。一个队员不慎走火，惊起犬吠，屋内伪军慌忙向外开枪。老红军李润民、孔庆同挺枪欲上，王平陆一把拽住他们："你们是上级派来的，打掩护吧！"说着，右手摸出手枪，左手提着大刀冲到警防所所长佐佐木住的房间窗前，抡起大刀猛砍窗棂。这时，屋内日伪向外还击，王平陆胸部中弹，倒在地上。副支队长刘永峰和特派员周治国等将王平陆从弹雨中救出,支队遂撤出战斗。王平陆断断续续地命令道:"快!通知转移。周治国(较早参加抗联的骨干)领大家去找魏春波(特派员)……"王平陆被队员们送至村庄抢救,翌日,壮烈牺牲,年仅36岁。

王平陆在临终前,不断地询问党内情况,弥留之际仍振作精神,向守护在身旁的同志们说:"我死了,同志们一定要把冀东游击战争坚持下去……"

王平陆牺牲后,支队在孔庆同、高振东的率领下继续游击作战。不久,王平陆之子高玉书也加入抗联。苏林燕带高玉书见到四纵领导,介绍了其父的情况,众人唏嘘不已。邓华政委亲自批示,为其定做一套灰色小军装;纵队司令员宋时轮开会和下部队都会把他带在身边。临别,宋时轮拉着他的手说:"跟我们走吧!去延安,走不动就在马背上拴个筐驮你走!"高玉书拒绝了,他不能离开父亲为之献身的家乡。

后来,王平陆的副政委李润民率滦县、乐亭、昌黎等县起义队伍与李运昌指挥的部队会合。当得知高玉书在政治部时,便与高玉书同吃同住,不久李润民同志也牺牲了。

高玉书回忆:"第一支队的老同志基本上都牺牲在了抗日战场,这些指战员,在冀东坚持了多年的游击战争,为根据地和部队发展作出了不可磨灭的贡献,为党中央指挥红军挺进冀东和创建冀热辽根据地打下了基础,为我军先期收复东北创造了有利条件,后人永远不要忘记他们的功勋。"

冀东《子弟兵报》曾载文纪念王平陆,高度评价他打响了"冀东人民向日军汉奸开火的第一枪",这一枪,拉开了冀东人民抗日大暴动的序幕,而王平陆是当时的揭幕人。

相关链接

冀东抗日根据地的创建

1937年七七事变,全国全面抗战开始后,中共冀热边特委根据中共中央的决策和中共中央北方局的部署,开始在冀东创建抗日根据地,大概分为腰带山根据地、鲁家峪根据地、盘山根据地，到抗战胜利，大体经历了创建、坚持和巩固发展三个阶段。

从群众条件和地理条件这两方面来看，口内（长城以内）较口外（长城以外）有利。口内群众条件、经济条件、党的基础均比口外好，况且绝大多数干部和战士都是在冀东土生土长的，与人民群众有血肉联系，先在口内建设根据地，有事半功倍之效；口外日伪"满"统治较强，虽有山地的好条件，但已被日伪"满"统治了七八年之久，控制极严，部队不易站脚。1939年10月，建立了冀东第一个抗日民主县政府——丰滦迁（丰润、滦县、迁安）联合县政府，同时组成中共丰滦迁联合县委员会。但游击区仍局限于山区，且没有较稳固的游击根据地。阁老湾会议后，周文彬、丁振军、刘诚光率部进入该地区，与早在这里活动的陈群会合，同当地干部和游击队一起，积极出击作战，肃清土匪，稳定抗日秩序。

思考感悟

王平陆，1932年加入中国共产党后，他全身心地投入到民族解放事业之中，在当时迁安县的迁西地区进行革命斗争。王平陆不断被上级党组织委以重任，他总是冲在最前面，表现出英勇的斗争精神和出众的组织才能。在他的领导下，全县的党组织很快发展到40多个支部400多名党员的空前规模，迁西地区成为当时冀东各县中革命基础较好的地区。

● 思考：王平陆为国捐躯，虽然已经80多年了，但他那坚定的共产主义信念、顽强的战斗意志和不怕牺牲的英勇精神，不仅过去是而且现在和将来都将永远是鼓舞我们勇往直前的、强大的动力！

通过阅读，感悟冀东抗战揭幕人的王平陆烈士的伟大精神。

研学实践

烈士安息地——冀东烈士陵园

冀东，又称京东，它北据长城、南临渤海、东扼辽沈、西屏京津，是华北连

冀东烈士陵园

接东北的要道，战略地位极其重要。抗日战争时期，冀热辽根据地是全国19块根据地之一；解放战争时期，冀东是辽沈、平津两大战役的重要支撑点。新民主主义革命的30年间，在民族解放和人民革命的艰难历程中，无数共产党人和爱国志士血洒这片热土。为了纪念牺牲的先烈，1955年河北省人民政府决定在唐山市兴建冀东烈士陵园，1958年清明节竣工，并举行了隆重的落成典礼。冀东烈士陵园是全国烈士纪念建筑保护单位。先后被国家民政部，中共河北省委、省政府，中共唐山市委、市政府命名为爱国主义教育基地。纪念堂陈列着全国238名烈士的英名录和遗像。他们中有早期工人运动著名领袖邓培、早期革命家于方舟、华北抗日联军第一支队司令员王平陆、冀东军分区副司令员包森、国际主义战士周文彬、抗日民族英雄节振国和民族女英雄王册等烈士。

● 践行：重走抗战路，共筑民族魂，通过缅怀王平陆等抗日民族英雄威武不屈的坚定意志、高尚的爱国情操和伟大的牺牲精神，谈谈你的体会和收获。

★第六回 赤崖奇兵令胆寒

人物简介

张其羽（1905年11月—1940年），本名凤翔，字其羽，河北昌黎人。1933年加入中国共产党，他是昌黎县第一名中共党员。1937年七七事变后，他奔波于昌黎、乐亭两县，组织发动群众开展抗日救亡活动。1938年7月底，张其羽集20余人，举行了赤崖暴动，组成"冀东抗日联军第二总队"，成立了"华北抗日联军昌黎支队"，后被任命为华北抗日联军第三军区昌乐办事处主任。1940年，张其羽在平西学习回途中与敌遭遇，不幸牺牲。

张其羽

红色故事

"一声霹雳十万军，振臂同呼斩妖尘，红旗漫卷燕山脊，高歌响彻渤海滨……"1938年的冀东抗日大暴动，以星火燎原之势，漫卷冀东地区21个县。冀东大地，烽火遍地，群雄竞起。秦皇岛地区，卢龙县有师范学校校长高敬之"骂开"卢龙城，抚宁县有进步大学生茹古香发起七家寨抗日暴动，昌黎县则有张其羽在赤崖点燃了抗日的第一把烈火……

昌黎县第一名共产党员

1905年出生的张其羽，因家境贫寒，未满14周岁便去东北学做生意。1930年，他弃商回家务农。1933年，经乐亭县共产党员岳泽普介绍，张其羽加入中国共产党，成为昌黎县第一名共产党员。他平时以卖文具为掩护，开展抗日联络活动。

1937年七七事变以后，他奔波于昌黎、乐亭两县，宣传共产党的主张，组织发动群众开展抗日救亡活动。12月，张其羽作为昌黎县的代表参加了在滦县多余屯召开的"冀东十县抗日人民代表会议"，会议确定由张其羽负责在昌黎县发动和组织抗日武装暴动。临去开会之前，张其羽5岁的小儿子正躺在炕上发高烧，妻子求他请大夫治好儿子的病再走，他只留下一句"顾不了啦"，便出了门，等他再回到家中，儿子已经不幸夭折。

赤崖暴动

赤崖是紧靠滦河的一个村庄，因有红色的土崖而得名，曾是滦河口通商的重镇，伪昌黎县警察局在这里设有分驻所和警察中队。1938年8月，张其羽说服邻村王各庄的保卫团队长李盛瑞举起义旗，成为暴动的中坚力量。8月4日清晨，张其羽、李盛瑞带领20多人悄悄包围了赤崖据点。张其羽等人趁着伪警察还在睡梦之中，翻墙进入，未放一枪就缴了他们的械，拿下了据点。这便是历史上的"赤崖暴动"。暴动队伍贴出"冀热边区第十路抗日救国军中队"的布告，署名指导员张其羽，中队长李盛瑞。随后，队伍到附近村镇收缴地主武装，逐渐扩展到近千人。

在"赤崖暴动"的影响下，昌黎县境内的其他一些草莽英雄也闹起了暴动，拥枪自立。丁万有便是其中的一个，他和结拜兄弟刘成玉、王二虎等人拉起了队伍，并迅速发展到2000余人，声势浩大。

李盛瑞不满丁万有扩充队伍，一天，他趁张其羽不在，擅自率部去攻打丁万有，结果部下30余人被俘。张其羽闻讯急忙从外地赶回，只身涉险，前往丁万有处斡旋。他以"团结抗日，爱国一家"的民族大义，说服丁万有放下成见，团结起来共同对敌。随后，张其羽逐渐把昌黎县众多的暴动队伍统一到中国共产党的抗日民族统一战线旗帜下，组建了"华北抗日联军昌黎支队"。支队很快发展到六七千人，下设5个总队和1个炮兵营，丁万有任司令，张其羽任党代表。这支抗日队伍的战士们左臂佩戴红袖标，号称"红军"，行军时扛着"抗日救国"的大旗。

8月22日，支队用猛烈的炮火攻打昌黎县城，因日军守备队事先得到消息，调来重兵和装甲车助战，攻城未果。

10月，支队在丁万有的率领下，随冀东抗日联军西撤平西根据地，在河北省遵化县宫里村，遭日伪军强大兵力围攻，队伍被打散，司令员丁万有、参谋长蔺乃功等人壮烈牺牲，刘成玉、王二虎临阵脱逃投敌。

留在家乡坚持革命斗争的张其羽未随部队西撤。冀东大暴动失败后，在岳泽普的召集下，成立了"华北抗日联军第三军区司令部昌（黎）乐（亭）办事处"，张其羽任主任，继续开展地下活动，积蓄革命力量。

1939年，张其羽在信庄村建立了昌黎县第一个农村党支部。

1940年4月，张其羽又组织发动了"第二次赤崖暴动"，争取了刘成玉，击毙了叛徒王二虎，重新发展起四五百人的队伍。

1940年冬，张其羽赴平西根据地学习，返回途中遇敌，不幸壮烈牺牲，时年36岁。

孩子眼中的父亲

"干革命就要豁出点儿本钱来，不光孩子要丢掉，必要时连……"张其羽的大儿子张建国，生前曾写过一篇题为《忆爸爸》的文稿，11页的文稿恰恰在这里因遗失而中断。这是张其羽与妻子、儿女劫后重逢，听到妻子流泪诉说不得不在流亡途中将小女儿送人时说的一番话。

"必要时连命都可以丢掉！"可以推断，张其羽当时应该是这样说的。因为他后来正是这样做的，他用自己短暂的一生践行了共产党员抛头颅、洒热血的无悔初心。

《忆爸爸》文稿中有这样一段话，今日读之仍令人动容：

妈妈一边给他挑刺，一边跟爸爸说："你豁出命来这么干，图个啥呀？别干了，在家老老实实种地，一样活着。"

爸爸笑着说:"我不图啥,我图的是救中国,让穷人不受苦,为穷人不受苦,不但我豁出命来干,你们也得豁出命来干,跟日本人打交道时刻都有被杀的危险,到时候能拼,就整死他仨俩的,不行时,死了也不要让他们逮活的。革命这条路我是走定了,你如果怕,就另想主意。"妈妈哭着说:"我跟你走这条路是对的,我跟你走定了,你放心就是了,到时候我会对得起你。"

相关链接

赤崖暴动革命旧址

赤崖暴动革命旧址

昌黎县荒佃庄镇赤崖村,因当地曾有呈红色的土崖而得名,其建村历史可追溯到明朝以前。清朝、民国年间,赤崖一度因滦河河道东移,变成了滦河入海口近处的通商重镇,被称为"赤崖堡"。当年的赤崖码头十分繁忙。街里有卸货栈房,主要接纳滦州的青石料,烟台等地的日用杂货,口外的木料、口蘑、干鲜果类等货物。每日出入码头的商船络绎不绝,甚至还能停泊大帆船,纤夫嘹亮的号子声不绝于耳。来往商船上达滦州、卢龙、迁安等地,下出渤海口,通达天津的新港,奉天的西海口港、营口港、大连港,山东的烟台港等。此后,滦河几次泛滥,赤崖因处于迎水面而多次遭到冲毁,逐年衰落下来。

1938年夏天,冀东抗日大暴动以星火燎原之势,漫卷冀东地区21个县。在这次大暴动的浪潮中,赤崖村发生了"赤崖暴动",点燃了昌黎县武装抗日斗争的第一把烈火。

1938年8月,昌黎县第一名共产党员张其羽说服邻村王各庄的保卫团队长李盛瑞举起义旗,成为暴动的中坚力量。8月4日清晨,张其羽、李盛瑞带领20多人悄悄包围了赤崖据点,伪昌黎县警察局在这里设有分驻所和警察中队。张其羽等人趁着伪警察还在睡梦之中,翻墙进入,未放一枪就缴了他们的械,拿下了据点。这便是历史上的"赤崖暴动"。

2016年,破旧的赤崖抗日暴动遗址得以翻建,宽敞的大院内升起了五星红旗,砖木结构的瓦房内展陈着"赤崖村抗日大暴动简介""昌黎县抗日大暴动英雄简介""张其羽与抗日大暴动""赤崖村旧貌换新颜"等内容。

2018年2月,赤崖抗日暴动遗址被昌黎县人民政府确定为"昌黎县历史建筑"。

思考感悟

盛夏时节,赤崖村阳光如瀑,绿树成荫,安逸祥和。80多年前,在艰苦的抗战岁月里,这片土地见证了昌黎儿女前仆后继,英勇奋战,用鲜血和生命谱写的光辉篇章。

● 思考:在中华民族伟大复兴的新时代,英烈精神有何时代价值?

研学实践

为了缅怀抗日先烈,每年都会有大批党员干部和各界群众来这里接受红色革命传统教育和洗礼,表达着对先烈们的崇高敬意和"不忘初心、牢记使命"的坚定决心。80多年过去了,村子发生了翻天覆地的变化,人们的日子越过越好。赤崖人民正发扬着艰苦奋斗的精神,在中国共产党的领导和革命精神的指引下,向着更加美好的生活阔步前进。

● 践行:走进"赤崖抗日暴动遗址",谈一谈作为一名学生,我们应该如何赓续红色血脉。

★ 第七回　高敬之骂开卢龙城

人物简介

高敬之（1903年—1997年），出生于卢龙县沈官营村（现属滦州市）。1936年，他在卢龙县简易师范学校当校长。在震惊中外的冀东大暴动中，他组织发动了卢龙暴动。其后，他的部队被编入八路军主力部队，1942年奉命东渡滦河，开辟了滦东抗日根据地。1945年8月，他随军挺进东北。中华人民共和国成立后，他先后担任吉林省交通厅副厅长、水利厅厅长等职，1980年任吉林省人大常委会委员。

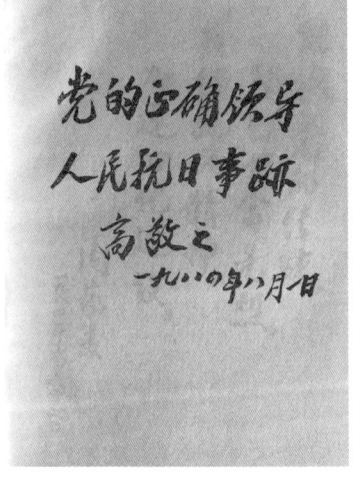

高敬之手稿

红色故事

1938年8月8日，恨透了日本人和汉奸的高敬之只带了70人的敢死队攻打卢龙县城，而当时城内有军警500余人，在敌我力量悬殊的形势下，他不费一兵一卒便"骂开"了卢龙城。"高敬之骂开卢龙城"在滦东地区传为佳话，也成为一段历史传奇，流传至今。

这件事听起来很"神"，其实它不仅真实，更是历史的必然。作为当事人的高敬之，曾写有《从愤世到暴动》《卢龙暴动的回忆》等文章，比较详尽地记述了整件事的经过。更有同为亲历者的康子成，从旁观者的角度写有《骂城前后》，佐证了这个富有传奇色彩的历史事件。

巧用"攻心"战术

高敬之为什么能"骂开"卢龙城？中共卢龙县委党史征集办公室于1984年编辑的《古城风云》一书中，收录了高敬之的《从愤世到暴动》与康子平的《骂城前后》，从不同角度为我们揭开了这个谜团。

曾当过卢龙县简易师范学校校长、教育局局长的高敬之，是当地有名望的人物。冀东抗日大暴动爆发后，他让村中的雇工王殿以自己的名义挨家挨户发动群众，很快拉起400多人的队伍。经无税庄誓师、马各庄打"联庄会"（日伪时期的伪民团组织），队伍不断发展壮大，随后便决定攻打卢龙县城。

"不是攻下县城，就是自己阵亡。"高敬之只带了70人的敢死队就敢攻打县城，一方面是他"艺高人胆大"，另一方面是他抱着赴死的决心。

高敬之估计伪县长牛惠卿不会乖乖交城，他告诉王殿带着队伍在太阳落山前从东南角集中火力攻城，自己则带一个护兵，从东南角开始，边走边冲着城上骂，揭露牛惠卿的汉奸真面目。这样一直骂到北门，当他骂得口焦舌燥时，城上的人开始往下扔仁丹和西瓜。

太阳落山时，东边枪响了。高敬之想起兵书上说的兵不厌诈，就冲着庄稼地大声喊："传我的命令，不准开炮，不准打机关枪，城里都是自家弟兄，别打了老百姓！"然后他又冲城上喊："东门已经打开了，立了头功。你们还不立第二功！立功者有赏！"

"一会儿，从南边高粱地过来两个便衣队的战士，请示高敬之：'报告司令，我们炮团已到，在哪里安营？'高敬之向南一挥手：'驻到南菜园！'过了一会儿，又从北边走过来两个战士，问：'高司令，三十八团已到，我们驻到哪里？'高敬之挽着袖子，向北一指：'驻到城北范庄一带！'"此时在城内的康子平（当时任卢龙县伪警察大队第三分队队长），看到的则是这样的场景。

此前，高敬之还未攻打卢龙县城时，牛惠卿便因为得到假情报，偷偷逃出了县城，恰巧被康子平碰到。这时康子平见形势不妙，也立马开溜，汉奸走狗色厉内荏、外强中干的本性暴露无遗。

城头的守军纷纷扔下枪和军帽,打开了城门。

高敬之的自述

"到卢龙城外举目一看,军警和保卫团早站在城墙上了,他们荷枪实弹,准备迎战。我先派人把县城周围的电话线割断,然后走到城东南角外面的娘娘庙前,登上庙台,冲着城墙上的军警喊话……"

"城上黑压压站满了人,其中有不少是我的朋友、同事和学生。我冲着他们说,中国人都应该起来抗日救国,谁也别帮助'牛犊子'(指当时卢龙县伪县长牛惠卿)……"

"我之所以能把城门喊开,一是由于抗日是大势所趋,人心所向;一是我有武装作后盾,有朋友作内应。敌人也摸不清我有多少兵力,所以被我连骂带诈,乖乖地开了城门。"

重要红色文物

除写有回忆"骂开"卢龙城经过的文章外,高敬之还写有《卢龙风暴》一文,分"图抗日滦县找党""沈官营高举义旗""无税庄聚众誓师""显身手巧取卢龙""庆会师蛟龙入海",完整记述了他在共产党的影响下,领导卢龙民众举行武装起义,奋起反抗日本侵略者及其走狗,最终走上正确革命道路的历史。

这篇文章后来被收入《星火燎原》丛书第五集中。《星火燎原》是一部回忆录丛书,是由毛泽东题写书名、朱德作序、贺龙担任筹委会主任、无数革命前辈用鲜血和生命写就的红色经典,被誉为"红宝石砌成的万里长城"。

秦皇岛市党史研究工作者、市委党史研究室二级调研员吕洪文,收藏了一份装在《星火燎原》编用稿袋中的《卢龙风暴》手稿。稿袋边角处微有破损,袋纸已经泛黄,散发着久远年代的历史气息。稿袋里面有《卢龙风暴》初稿、作者对初稿的意见、作者审订稿、作者再审意见、编用稿等5部分材料。这些手稿蕴含着丰富的历史信息,堪称反映滦东革命历史的重要红色文物。

相关链接

卢龙古城

秦时明月汉时关,万里长征人未还,但使龙城飞将在,不教胡马度阴山。盛唐诗人王昌龄的《出塞》中所说的"龙城",即为卢龙。

卢龙古城

卢龙在明清鼎盛时期,有"京东第一府"之称。根据郦道元的《水经注》中的记录,卢龙古城,始建于东汉建安十二年(207年),系曹操北征乌桓时期建设的一座城池。到了辽太宗耶律德光大同元年(947年),在卢龙原有城垣基础上,向南筑造了新城。这次大规模的修建工程让新、旧两城连为一体,外观呈月牙形。所以,卢龙古城就有了"月牙城"的别称。

卢龙城有"三山不显""四门不对"的说法。其原因是修起了卢龙城,使城西的3座山岭都看得不甚清楚,所以叫作"三山不显";卢龙城有4个城门,东门名叫"旭日",南门名叫"得盛",西门名叫"望京",北门名叫"拱辰"。由于地势的原因,以及为了方便实用,顺河而建的南门和北门不在中轴线上,西门又离南门很近,所以又称"四门不对"。

又因为当年建造城门时,运用了声学原理,千百年来,还留下了东门"金鸡叫"、北门"铁棒槌"、西门"牛斗虎"、南门"推车换伞"等美妙传说。

思考感悟

毛泽东在《论持久战》中写下了这样的名句:"战争的伟力之最深厚的根源,存在于民众之中。"

● 思考:高敬之不费一兵一卒攻进卢龙城,除个人的智慧与魄力外,还有哪些因素?

研学实践

2013年,占地约15亩的卢龙县烈士陵园在毗邻"冀东抗战纪念馆"的山坡上建成。它由景观雕塑、纪念碑、纪念广场、烈士墓区和展室等组成,可同时容纳500至800人举行纪念活动。

卢龙县烈士陵园

同年,秦皇岛柳河溪谷生态旅游开发项目正式落户柳河北山村。编制完成的《秦皇岛柳河北山景区旅游发展规划》《柳河北山红色旅游发展专项规划》,明确提出"红色柳河北山,冀东抗战典范"的旅游主题,主要建设红色记忆凭吊区、亲水休闲娱乐区、葡萄酒文化与休闲体验区、农林野趣休闲体验区、拓展训练活动区、天然氧吧休憩区、军事文化体验区等,打造"精品型葡萄酒文化与休闲养生度假区""冀东红色旅游深度开发示范区"。

● 践行:踏寻英雄足迹,重走抗战路,谈一谈作为一名新时代少年,在感受红色文化、领略秦皇岛独特的自然风貌和美丽乡村风光的同时,感受到怎样的革命精神。

★ 第八回　抚宁抗战第一枪

人物简介

茹古香（1914年10月—1990年8月），原名茹振泰，曾用名王铭善、舒铭，抚宁县台营镇七家寨人。1938年，正在奉天南满医科大学读书的茹振泰筹划在七家寨举行抗日武装暴动，组建了临抚抗日游击大队。暴动胜利后，他投奔八路军，从此走上革命道路。新中国成立后曾任锦州市人民政府办公室主任兼卫生局局长、辽西省卫生处处长（后改为卫生厅，任副厅长）、辽宁中医学院院长等职务。

茹古香

红色故事

"顾了救国，就顾不了守家"——准备起义

1938年，中共冀热边特委书记李运昌等在准备冀东抗日大暴动时，曾派人同抚宁县台营乡伪大乡长兼"自卫团"团总许维纯取得联系，相约共同起义。许维纯是七家寨村人，家中富有，但具有抗日救国思想，不过他考虑到家庭财产及亲属的安全问题，一直犹豫不决。直到一个人的到来，才使许维纯打消了顾虑。这个人便是进步大学生茹振泰。

茹振泰也是七家寨村人。1914年10月出生的他在奉天（沈阳）满洲医科大学读书，是一位爱国热血青年。

1938年6月末，学校放暑假，茹振泰回到老家七家寨以后，听到了冀东各县要举行抗日武装暴动的消息，他又从小学教师、堂兄茹克勤那里得知许维纯是位主张抗日救国的爱国人士，便找到许维纯，共同商议抗日救国的事情。许维纯向茹振泰谈了个人的思想顾虑。茹振泰说："顾了救国，就顾不了守家，不抗日就要亡国，都当亡国奴哪还会有家呢？"茹振泰的肺腑之言和革命热情坚定了许维纯起义的决心。

茹振泰把原准备回沈阳读书的路费10块大洋全部交给许维纯，作为抗日暴动经费，同时把名字改为他敬仰的清代进士"茹古香"。

许维纯利用自己的公开身份，以"打土匪"之名，向各"联庄会"及有枪的富户征集了30多支长短枪。茹古香等人则分头到教员、店员、手工业者和青年农民中去宣传抗日救国的道理，秘密联络和发展参加抗日暴动的人员，并在七家寨后山老母庙里设立了秘密登记站。

暴动队伍很快发展到140多人。但是暴动的准备工作被台头营据点的伪警备队队长王芝佐发觉了。7月15日下午，茹振泰、许维纯等几名骨干紧急商讨行动计划，决定于当晚举行武装暴动。

红色七家寨——打响抚宁抗日斗争第一枪

1938年7月15日晚8时许，参加抗日暴动的队员集中到老母庙进行宣誓，共计147人。许维纯、茹古香先后向大家讲了抗日救国的道理，进行了暴动前的动员和部署，成立"临（榆）抚（宁）抗日游击大队"，大家推举许维纯为大队长，茹古香为副大队长，韩惠轩为参谋长，茹克勤为副官长，当晚决定攻打台头营镇。在申明部队纪律后，立即进行了战斗部署，分发了武器弹药。由许维纯带一部分人攻打东门，茹古香负责攻打北门，韩惠轩带队攻打西门。

七家寨农民抗日武装暴动的行动高度机密、迅速而猛烈，出乎敌人意料。守城的保安队岗哨，不知攻来的是什么队伍，一触即溃，仓皇逃窜。首先是东门，随后是其余各门，都很快地被暴动队伍攻破了，伪警察和保安队都投降，暴动队伍收缴了大量武器弹药。抗日暴动队伍全部占领了台营镇。游击大队补充了武器装备，一部分保安队员和伪警察自愿参加抗日队伍，暴动队伍的总人数已从原来的147人增加到200多人。

第二天，暴动队伍得知驻界岭口和抚宁县城的日伪军将要进犯台头营，为了保存实力，决定向卢龙境内转移。队伍到达卢龙县燕河营一带时，从台头营传来消息，许维纯、茹古香等人的家已被日伪查封，家人被拘审。队伍内部开始弥漫紧张气氛，有人脱离队伍，跑回家去，有人提出把队伍拉回去，再次攻打台头营，和日伪军硬拼一场，解救受困亲属。许维纯犹豫不决，茹古香不同意硬拼的主张："我们出来抗日救国，就很难再顾家了。如果我们回去和敌人拼命，恐怕不但救不了人，还会把我们这些人也搭进去。我们继续在外面抗日打仗，敌人就会有所顾忌，特别是那些伪职人员，他们都是本地人，会想到给自己留条后路，不敢把事情做绝，为了他们个人的身家性命，会在鬼子面前进行周旋的。"听他这么一说，大家的情绪渐渐地稳定下来。

此后，恰巧八路军第四纵队（宋时轮、邓华支队）的第三十一大队来到燕河营一带休整。茹古香等人与第三十一大队取得联系，请求参加八路军。最终，"临抚抗日游击大队"的150余人被编入第三十一大队第二营，单建为第六连。许维纯任第六连连长，茹古香被调到团部工作。

 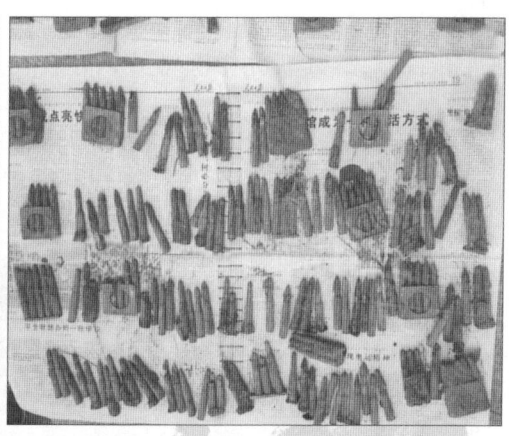

七家寨暴动的抗战遗物

抗日烽火　源源不断

七家寨抗日武装暴动之后,"临抚抗日游击大队"向西挺进,被八路军第四纵队(宋时轮、邓华支队)收编,随后开赴遵化、兴隆一带活动。在兴隆与青龙两县交界处的十字坪,与侵华日军及伪军遭遇,毙伤俘日伪军一部。接着,他们北越长城,在龙关、赤城一带进行抗日游击战争,狠狠打击了日本侵略者。

1938年10月,茹古香到八路军宋邓支队第三十一大队任敌工干事,并加入中国共产党,长期从事对敌工作。那时候组织经常安排给他一些特殊任务,需要打入敌人内部,他毫不畏惧,在保定涞源县的那一段经历使他被大家称为"孤胆英雄"。

1939年,茹古香调任永(清)、固(安)两县工作团主任兼八大队队长。1941年,他又调任清苑县和之光县扩委会副主任、满城县敌工站站长,在敌占区城镇做党的地下工作。

1942年,在抗日战争最艰苦的时期,茹古香担任中共涞源县委敌工部部长,做分化瓦解敌伪工作。在一次战斗中,他身负重伤,失去一目,截掉一指。伤愈后出院,他风趣地说:"一目观天下,四指写文章。"

新中国成立后,经上级批准,他组织建立了辽宁省中医学院并担任院长。他对医学,尤其是对祖国的传统医学——中医学,有较深的造诣。离休后,他居住在沈阳,除继续研究中医学外,还在自己家里设病床,免费为人治病,深受各界人士敬重。

相关链接

七家寨村位于抚宁县城北30里,著名的天齐庙和恒成号香坊都位于七家寨村。天齐庙建筑宏伟,香火极盛,庙的门前,筑有高大的戏楼,京津各地赶庙会、搞物资交流每年要持续四五天。如今,七家寨村这座古老村寨焕发出新的生机,路面硬化3000平方米,村庄面貌焕然一新。七家寨村实施碧水保卫战,通过河道清淤、堤岸砌护、河岸亮化、修筑拦水坝等措施,不断改善和提升河流环境,实现"水清、河畅、岸绿、景美",还老百姓清水绿岸、鱼翔浅底的景象。

为保留生态田园和农家情趣，大家还利用家门口的空闲地，建起小菜园、小果园等"微田园"，打造村庄出彩、小巷小道见绿、房前屋后优美的良好环境，七家寨人民全面开启了建设北方最美乡村的新征程。

思考感悟

1938 年 7 月 15 日，在抚宁县台头营镇七家寨村度假的满洲医科大学学生茹振泰（后改名为茹古香），与台头营乡伪大乡长许维纯、农民茹克勤、韩惠轩等人精心策划准备，秘密组织成立 147 人的临抚抗日游击大队，在七家寨举行抗日武装暴动。在七家寨村这片热土上，每一寸土地都洒满了烈士的鲜血。

● 思考：茹古香为何组织发动七家寨暴动？国难当前，听了茹古香对许维纯所说的"顾了救国，就顾不了守家"这番肺腑之言，你有什么感受？

研学实践

七家寨抗日武装暴动旧址

在抚宁区台营镇七家寨抗日暴动的革命历史中，分布着许多红色坐标，投笔从戎、相约起义、秘密集会、征集枪支、深夜暴动、夺取台营……这些坐标如同号角，激发奋进之力，它让全村百姓众志成城，凝聚起救亡图存的共同意志，这些坐标串联起了革命历史，传承着红色基因。

七家寨抗日武装起义旧址

● 践行：通过走访七家寨抗日起义旧址，参观抗战遗物，了解茹古香英雄事迹，谈谈你的收获与体会，从而传承红色基因，赓续红色血脉。

★ 第九回　滦东也有了根据地

滦东地区简介

滦东地区，泛指滦河以东，南濒渤海，北依燕山，古长城自东往西成为内外屏障。从行政区域上包括迁安（大部）、抚宁、卢龙、昌黎和临榆等县。从地理上，尚包括当时归热河管辖的青龙县。连接冀东与华北平原，东有山海关与辽宁相邻境内北宁铁路横贯中间，为华北通往东北的交通要道。自然环境优越，地理位置险要，自古以来就是兵家必争之地。开辟和巩固这一战略要地，作为向东北挺进的前沿阵地，是出于全国抗战大局战略考虑的一项重要决策，为此党中央成立了专门机构，并抽调一批干部从事这项工作，按照晋察冀分局的具体部署，冀东区党委结合实际情况贯彻落实了这一项战略决策。

红色故事

成立东北工作委员会

抗日暴动队伍西撤之后，敌人恢复和加强了对滦东的统治，组建伪大乡，成立"棒子队"，建立"新民会"，强制推行奴化教育和保甲制度，造册登记，清查户口，强令居民出入佩戴"良民证"。村村设检查哨和瞭望台，盘查过往行人。

当时的滦东地区除秦皇岛、山海关在中共北宁铁委直接领导下的北宁路抗日救国会，还有些单线（主要是搞情报）工作以外，整个滦东地区已无公开的抗日活动，被日军视为"良民区"，昌黎县还被日伪称为"治安模范县"。而此时的滦西地区却是另一番景象。自冀东抗日大暴动西撤受挫后,经过近三年的艰苦奋斗,抗日武装力量发展到7000余人,建立起6个县的抗日民主政权,拥有153万人口的抗日游击根据地,成为冀东抗日游击根据地的基本区。

抗日根据地的扩大和抗日活动的日益活跃,不仅给驻冀东侵华日军以沉重打击,而且对伪满构成巨大的威胁,成为敌人"在治安上的最大祸患"。因此,敌人扼守滦东已成其战略急需。先在滦河两岸,从滦县往北30里到爪村、石梯子(滦河与青龙河交界处)设立了13个据点,派重兵把守。接着沿青龙河东岸,北从长城脚下的桃林口起,南至卢龙县城附近的三里庄约50里修筑了18座炮楼,挖了一条"封锁沟"。自北宁路起沿滦河北上至青龙河,直到长城为界,构成了一条既有天然屏障又有重兵把守的封锁线。

伪满也在所谓"国境"线上设"西南防卫特区",调集大批日本关东军和伪满军警宪特讨伐大队压到长城线上,妄图以此隔绝抗日武装与滦东和长城内外的人民群众联系,阻止冀东抗日武装力量向滦东和长城外发展。把这块日伪军占领区开辟为游击根据地,对于坚持与发展冀东和东北敌后抗日游击战争有极其重要的战略意义。因此,开辟滦东已成为冀东党政军领导机关计划中的必然之举。

早在中共中央洛川会议时,毛泽东就提出:"红军可以一部于敌后的冀东,以雾灵山为根据地进行游击战争。"此时刚到天津不久的李运昌接到中共中央北方局的指示,火速赶往冀东,发动冀热边区游击战争。

冀东抗联西撤时,李运昌所部留在冀东坚持斗争。到1938年底,李运昌又重新集合起原武装暴动人员1400多人,与八路军留下的三个支队配合活动,开展分散的游击战争。经过近一年半的顽强坚持,到1940年初,冀东地区抗日斗争,创建了以盘山、鲁家峪、腰带山为基本区的冀东抗日游击根据地。

自1941年3月30日起至同年9月,日军加强攻势,连续推行了数次"治安强化运动"。在一个多月的反"扫荡"作战中,冀东八路军减员1000余人,其中牺牲400余人,损失步枪1000余支、机枪13挺,主力部队实力锐减。1941年8月,冀东区党分委在遵化县大张屯召开了扩大会议,李楚离、李运昌、周文彬、焦若愚、李子光、丁振军、包森、曾克林、刘诚光、徐志等参加了会议。会议决定在恢复和巩固原有地区的同时，着力于开辟新区特别是热南地区，以扩大回旋余地。会议还决定建党、建政和改善人民生活等措施。此时，开辟滦东根据地，保持抗日力量，已经成为重中之重的问题。

1941年底，世界反法西斯战争局势发生重大变化，德、意、日侵略者由进攻转为防御，日本侵略者的南下侵略遭到失败。中国共产党审时度势，认为应在此时开辟滦东，并作出了成立东北工作委员会的决定。

1942年2月，"延安中央东北干部训练班"成立，在韩光主持下，抽调40余名干部，在中央党校培训4个月。培训结束后，彭真代表党中央两次向参加训练班的同志传达党中央的指示，其要点：一是向东北挺进，开辟农村根据地，建

1941年，冀东，滦河晓渡（雷烨 摄）

立党组织和民主政权，发展人民武装；二是到晋察冀边区和冀东地区成立"东北工作委员会"。接受任务后，韩光、张化东、张召带队前往晋察冀分局。1942年7月，他们到达晋察冀分局所在地的河北省平山县，受到分局书记聂荣臻、副书记程子华的接见，并决定成立晋察冀东北工作委员会，由聂荣臻任书记，韩光任副书记。东北工作委员会的任务是打破长城封锁线，配合抗日战争大反攻。1942年1月至12月，根据晋察冀分局指示，又在长城附近的迁安县境内，与冀东区党委负责同志取得了联系，决定成立冀东东北工作委员会，书记由冀东区党委书记李楚离担任（李楚离不在时，由李运昌代理），赵濯华任副书记，张化东任组织委员，杨雨民任宣传委员。以后又陆续任命刘云鹤、罗文、王杰、霍郁、马裴文等为科长，负责东北工作委员会的日常工作。冀东东北工作委员会的工作方针

是：站在长城内向东北发展，用开辟地区根据地的方法掩护挺进工作。工作分为两部分，一是由杨雨民带部分人员，由迁安直接向北过长城，以围场县一带为根据地向东北发展；二是由赵濯华、张化东带部分人员，在迁安、卢龙、昌黎到抚宁、临榆一带，开辟根据地，并以此为立足点向东北挺进。区党委要求开辟根据地工作、培训干部和向东北派遣秘密工作人员三项工作同时进行。

1942年，在东工委的指导下，迁（安）卢（龙）抚（宁）昌（黎）联合县办事处成立，高敬之任主任。同年9月，区党分委委派韩光到滦东，正式建立迁卢抚昌联合县工委。

东工委和迁卢抚昌联合县工委的成立，意味着开辟滦东根据地战略实施的正式开始。

创建滦东抗日根据地

1942年秋，由冀东区党委决定，组成以书记高敬之，成员李焕章、田丰、张福德等同志为核心的工作团。7月，冀东八路军十二团一营东渡滦河，配合地方干部，进行开辟根据地工作。12月，冀东东北工作委员会副书记赵濯华、组织委员张化东带领工作人员，由迁安经卢龙进抵抚宁，在抚宁县北部山区背牛顶宏量寺设立了办事机构，由赵濯华担负向东北派遣秘密工作人员的任务。

张化东根据上级的决定，在抚宁县蚂蚁沟，与冀东区党委先期派遣宋国祥、张仲三等领导的武工队，成立了临榆、抚宁、凌源、青龙、绥中5个县的联合县党委，张化东任书记，宋国祥、张仲三为委员。临抚凌青绥联合县行政办事处也由此成立。张化东任主任，宋国祥为副主任。其后分为四个工作队，宋国祥在抚宁蚂蚁沟一带活动，张仲三带队在青龙地区活动，张化东活动在临榆、抚宁、青龙一带，行政办事处科长信修带队在绥中、葫芦岛一带活动。1943年7月，成立七区队，罗文任队长，马骥任副队长，张化东为政委。

1942年10月至12月，日、伪军在冀东开展第五次"治安强化运动"，实行残酷的"清乡""自首"，企图摧毁中共基层政权。1943年1月5日，在日、伪军"扫荡"高峰过后，冀东区党委召开会议，决定动员一切力量恢复被蚕食区的根据地，并开辟新的抗日根据地。工作委员会在农村发展党员，建立党支部和"堡垒村"，根据地一步步开始筹建起来。

三百里地下交通线

抗日根据地的建立，对于打造一条属于我们的交通战线至关重要。打通东北交通线，成为抗日根据地建立后极为重要的任务。

1943年5月，临抚山区已经开辟出大片根据地。八路军挺进冀东长城沿线，深入敌后打击日军，取得了一次次胜利。在消灭敌人武装力量的同时，开辟了新区，成立了中共凌（源）青（龙）绥（中）工委和凌青绥办事处。在青龙县的东南部和绥中县的西南部打开了局面，建立了抗日政权。

1943年7月，冀热辽特委第三地委在抚宁县蚂蚁沟召开为期两天的会议。会议由地委书记徐志主持，会议决定开辟东北辽宁省建平县长度为300多里的交通线，以推动挺进东北工作的开展。会议计划建立5个交通联络站，由宋国祥、霍郁负责此项工作。

针对敌人封锁严密、缺乏工作基础的实际情况，宋国祥和霍郁决定充分利用我军多次战胜敌人的积极影响，通过党的统战政策，去教育、团结愿意抗日救国的上层人士，不断挖掘工作线索。

按照预定计划，当年8月，在齐佐廷（小粮贩子）和路老生的帮助下，第一个交通联络站在青龙县木头凳附近的喇嘛洞建成，站长由王庆洪担任。

第二个交通联络站，于同年10月份在青龙县岭上俞杖子诞生，站长外号叫俞拐子，非常能干，善于做保密工作。

第三个交通联络站，通过齐佐廷与一个蒙古族人认干亲的关系，于当年11月份左右在辽宁省建昌县山嘴子村建立。站长是个蒙古族人，在当地拥有很好的群众基础，具备开展好交通联络工作的便利条件。

在建设第四个交通联络站时遇到了困难，敌人发觉了宋国祥与霍郁的行动，布下敌特进行监视。宋国祥二人化装成布贩子，边隐蔽边工作。凑巧的是，他们在建昌县汤神庙附近遇到了罗文（时任我地方队七区队政委）的舅舅刘秀峰，发现这位老人极具民族气节，又把建立交通联络站的计划向他作了交代，并于1944年二三月份建成了汤神庙交通联络站，站长由刘秀峰担任。

第五个交通联络站的建立遇上极大困难。当时伪满大搞"集家并村"，小村并到大村，然后把大村四周修起围墙，不许群众出入。宋国祥和霍郁化装成小商贩出现在群众中，不断宣传抗日救国道理，宣传反对"集家并村"。在此过程中，遇到跑行商的王老殿，发现他处事公正、办事能力强、有爱国之心，便逐步向他透露意图。在努力争取下，第五个交通联络站最终于1944年7月在辽宁省建昌县四官营子村建立，王老殿担任站长。王老殿任职后，又很快打通了辽宁省建平县叶柏寿村与河北省抚宁县蚂蚁沟总站的交通线，正式与活动在东北的杨雨民、高桥接上了头。

这五个交通联络站300里的地下交通线，为八路军、武工队传递情报、输送干部、沟通情况提供了便利和保障。当时对各情报联络站规定了两条纪律：一是严格保守组织秘密，在任何环境下都不许泄露组织领导和同志；二是畅通交通联络，不许积压、丢失情报，违者受组织处分。

地下交通线的建成，为滦东抗日根据地立下了汗马功劳，成为抗日根据地顺利创建的重要保障。在地下交通线上，干部、战士，还有沿线支持、协助这项工作的抗日群众，在后方为抗日战争的胜利、挺进东北作出了重大贡献。

相关链接

抗日游击根据地的创建

抗日战争时期，中国共产党高瞻远瞩，在积极开展反"扫荡"、巩固冀东抗日根据地的同时，提出了开辟滦东，建立抗日根据地，成立东北工作委员会，创建地下交通线，为进一步解放东北作准备的战略决策。此后，在滦东地区建立了临抚凌青绥、临抚昌、凌青绥等联合县。滦东抗日根据地抗击日伪、建党建政、发动群众壮大力量，为抗日战争胜利、挺进东北、解放战争胜利作出了重大贡献。

思考感悟

习近平总书记在庆祝中国共产党成立100周年大会上首次提出伟大建党精神，并深刻阐述了其内涵。它是中国共产党的精神之源，也是中国共产党先进性之源。滦东抗日根据地党的建设，是中国共产党抗日战争时期党的建设的重要组成部分。

● 思考：结合所查阅的资料，概括滦东抗日根据地创建后取得了什么样的成绩，对后世有哪些启示。

研学实践

1943年夏季，为适应滦东地区抗日斗争需要，配合抗日武装开展宣传，游击队在滦河下游创办了第三地区委机关报《救国报》（滦东版）。年末，迁卢抚昌联合县创办了《前进报》（后改为《长城报》），冀东军分区尖兵剧社文工组管桦同刘大为、李碧冰、王世昌4人在昌黎南部出版了《大众报》。我们所熟悉的中篇小说《小英雄雨来》就是管桦在河北省昌黎路南游击作战时创作的。

● 践行："我们是中国人，我们热爱自己的祖国！"雨来是抗日战争年代滦东少年儿童的缩影，请大家走进管桦陈列馆，感受滦东抗日根据地在创建和发展过程中的文化教育。

管桦陈列馆

★ 第十回　秦皇岛抗日的情报站

历史背景

抚宁城东北26公里处，老岭南缘，奇峰如柱，兀起于群山之中，甚为险要，其后有石如牛而得名背牛顶。正因为地势险要，便于藏身，易守难攻，这里曾是滦东军民对日作战的秘密据点，也是冀东东北情报联络站"燕山部队"所在地。

1942年，敌后抗日游击战争进入了空前残酷的阶段，刚刚建立的滦东根据地遭遇日军"第五次治安强化"，隔绝了与各敌后抗日根据地的联系，日军对滦东根据地发起了穷凶极恶的进攻。

晋察冀第十三军分区（冀东军分区）为了巩固和扩大抗日根据地，命令第十二团在游击队和民兵的配合下，向长城以北的凌青绥地区挺进，连续攻克热河敌人13个据点，使根据地得到了很大发展，为在承德、平泉、兴隆、宁城、凌源、青龙、绥中等地开辟新区，创造了极为有利的条件。

遭到惨重失败的日军气急败坏地对抗日根据地疯狂进攻，到处挖"防共沟"，修碉堡群，大搞村村联防，户户连坐，"集家并村"，使沿长城线东西长700里、南北宽250里的区域成了"无人区"，杂草丛生，一片荒凉。

冀东军分区决定开辟口外山区，领导广大人民群众进行反"集家并村"斗争，组织了以宋国祥、张化东、信修等为首的三支武装工作队，去开辟凌源、青龙、绥中地区。宋国祥接受任务后，率领武工队20多人，以抚宁的宏量寺为落脚点，由临（榆）、抚（宁）北部地区逐渐向凌源、青龙、绥中方向发展。

红色故事

"燕山部队"集情报

1942年春，根据中共中央关于加强东北工作的战略方针，中共中央北方局成立了东北工作委员会，其主要任务是打破长城封锁线，牵制侵华日军，向东北开展工作，配合反攻。之后晋察冀分局组成"晋察冀东北工作委员会"，冀东地委成立"冀东东北工作委员会"。

10月，晋察冀北方分局社会部派任远、石铁生等来到冀东开展情报工作，由于宏量寺的特殊条件，这里成了建立情报站的绝佳地点。1942年12月，任远化名"刘杰"，带领20多名干部，携带电台一部，来到宏量寺落脚，后建立东北情报联络站，全称"晋察冀分局社会部冀东东北情报联络站"，对内称"冀东军区联络部"，活动代号"燕山部队"，受晋察冀北方分局社会部和冀热边特委双重领导，任远代理情报站站长（1943年7月任站长）。

联络站放在滦东，起到非常重要的作用，因为这个地区是通往华北和东北的交通要道，历史上滦东去东北经商的人很多，此地是必经之路，而当地人民受日军压迫最深，具有广泛的群众基础。其主要任务是搜集伪满的战略情报及政治、经济情报，及时准确地向特委和军分区提供情报。为对外工作方便，后组织上决定冀东东北情报联络站统一以"冀东军区联络部"的名义进行活动。

冀东东北情报联络站成立后，至1945年8月，近三年间，先后在青龙县木头凳附近的喇嘛洞、岭上、俞杖子，以及辽宁建平县等地的5个交通站，从"口里"至辽宁建平叶柏寿村300里长的交通线，秘密输送各种情报及信息，在1945年反攻受降、接收东北各城市时起到了非常重要的作用。

"背牛顶"上破困局

1942年8月17日，三四百名日伪军突袭了背牛顶附近村庄，烧房、集家和血腥屠杀，山中的几户猎户也逃往他乡。宋国祥率领的武装工作队被围困在宏量寺的后山上。他们发觉此地崇山峻岭,悬崖峭壁,山巅建有寺庙,欲上寺庙,须俯身仰面,脚登石阶,手拽铁索,才能爬上险顶。

背牛顶的庙里住着七八个道士。宋国祥的工作队被困在宏量寺背牛顶上,与群众断绝了联系,忍饥挨饿,处境十分艰难。面对如此情况,有些同志丧失了信心,产生悲观、急躁情绪。宋国祥倒更加精神旺盛,好像困难是他的兴奋剂,整天东跑西奔,四处找人,笑呵呵的,不知啥叫疲惫。他对同志们说:"鬼子日子长不了,别看把老百姓关在围子里,可群众的心向着咱们,仇恨鬼子,咱们总会找到群众,粉碎敌人的阴谋。"

宋国祥决定和庙里的道士接近,通过他们再和山下群众取得联系。开始时,道士对工作队很不理解,宋国祥耐心等待,带领大家住在寺院外,并且秋毫无犯。

工作队严明的纪律,顽强的革命精神,还有那中华民族共同抗日的责任,使道士们深受感动。一天早上,在道长的带领下,终于把藏起来的粮食拿出来为工作队做饭吃,热情地把工作队队员们请进了寺庙安排住处,还配合工作队下山侦察敌情、送信,帮助工作队与群众取得联系。于是,工作队很快就深入到附近的大石窟、平市庄、猩猩峪一带,打破了半个月的被围困局面。

相关链接

背 牛 顶

背牛顶位于秦皇岛市抚宁区,海拔965米,万里长城从山顶蜿蜒而过,以风景秀美、地势险要著称。从山下仰望,山顶高耸入云。早在辽代天庆年间(1111—1120年),背牛顶就有所修建,到了明正德十四年(1519年),僧人凿井建庙,逐渐成为佛教胜地。到了清朝,道教又在此发扬光大。一山先后容佛道两家,历代香火极盛。此山之所以

背牛顶

叫背牛顶，是因山后有石如牛，故称背牛顶。

思考感悟

宋国祥与其工作队被困宏量寺，与群众断绝了联系，忍饥挨饿，处境十分艰难。面对如此情况，宋国祥冷静处置，笑对困难，每天不知疲惫地四处奔波，并耐心鼓舞其他同志。工作队与庙里的道士秋毫无犯，用严明的纪律、顽强的革命精神，还有中华民族共同抗日的责任去感化他们。

● 思考：面对如此艰难的处境，看到宋国祥与其工作队的所做所言，你有什么感受？

研学实践

1942—1945年三年间，抗日先烈们在背牛顶与侵略者展开了殊死周旋，在如此艰难的处境下，建立了冀东东北情报联络站，并在1945年反攻受降、接收东北各城市时起到了非常重要的作用。也正是因为有抗日先烈们这种不怕苦、不怕难、迎难而上的奋斗精神的指引，才有了我们现在安全、富足的生活。

● 践行：再爬背牛顶的石阶，重走抗日先烈的艰险之路，体会他们所处的艰难险境，谈谈你的收获与体会，聊聊如何去发扬他们的红色精神。

★第十一回　冀东英雄李运昌

人物简介

李运昌（1908年9月—2008年10月），原名李芳岐，河北省唐山市乐亭县人。早年就读于乐亭中学，1925年10月赴广州黄埔军校第四期学习，同月加入中国共产党。1940年7月任冀东军分区司令员后，一直在冀热区担任我军领导职务。解放战争初期率部挺进东北，担任东北人民自治军第二副司令员，并任中共晋察冀中央局委员。中华人民共和国成立后，历任中央人民政府政务院交通部常务副部长、中共党组书记，中共中央监察委员会常务委员（专职），国务院司法部第一副部长等职。

抗战时期的李运昌

红色故事

冀东军区的"李云长"

抗日战争期间，日军曾印制了一张《北支那方面敌情要图》（1941年1月下旬印制）。地图分别在西北军区、冀中军区、冀南军区等处，用红字标注了"贺龙集团""聂荣臻集团""刘伯承集团""徐向前集团"。在冀东军区这里，则是用红字标注了"李云长"。

在八路军的著名将领中,并没有"李云长"这个名字,那么这个"李云长"是谁呢?

"李云长,大忠良,骑红马,挎大枪,打日本,捉豺狼。"抗战时期的冀东地区传唱着这样一首民谣。

原来,"李云长"的真实姓名叫李运昌。当地人民不知是因为读音相近还是别的原因,不经意间把这位抗日将领传成了关云长一样的人物,而日军也按照当地人民的叫法把他的名字写成了"李云长"。

黄埔军校学习

李运昌和李大钊是同乡。1925年,他和乐亭中学同学孙鸿祥一同到北京去找李大钊,本来是要去苏联学习,但由于去苏联的船已开走,李大钊便推荐他们去黄埔军校学习,他语重心长地说:"你们去那里学了军事,将来对革命有用处。"

于是李运昌成了黄埔军校第四期学员。1926年毕业后,他被中共广东区委抽调到广州农民运动讲习所学习。学习后,他在彭湃的指导下领导了普宁农民暴动,之后转战湘赣。

革命历程

革命队伍被打散后,李运昌回到家乡组织领导恢复当地的党组织,先后组建了中共乐亭县委、中共滦(县)乐(亭)中心县委、中共京东特委。

1937年5月,李运昌在延安参加了中国共产党的苏区代表、白区代表会议,并代表冀东地区党组织,从冀东地区的地理概况及重要的战略地位、冀东地区近代工业的产生与帝国主义势力的侵入、黑暗的军阀统治与冀东人民奋起反抗等方面,详细介绍了冀东地区的基本形势和冀东人民反日反汉奸斗争的情况。

中央领导同志第一次听到冀东的真实情况,十分重视。当时的中共中央宣传部部长凯丰,让李运昌把会议讲话写了出来,刊登在党中央主办的《解放周刊》第7期上,题目是《日军、汉奸统治下的冀东人民》,署名"鹿鸣"。

延安会议后,李运昌被任命为中共河北省委书记。

七七事变爆发后,1937年8月,毛泽东在洛川会议上指出:"红军可以一部于敌后的冀东，以雾灵山为根据地进行游击战争，创建冀热边抗日根据地。"

9月，中共中央北方局书记刘少奇提出，冀东应准备迅速发动抗日武装起义，以配合全国抗战。随即他亲笔写信给李运昌，指令他担任中共冀热边特委书记，回冀东发动抗日游击战争。

李运昌回冀东后，组织起"华北人民武装抗日自卫会冀东分会"，为抗日武装大暴动准备了生力军和骨干力量。

1938年5月，中央军委和八路军总部决定，宋时轮支队和邓华支队合并组成八路军第四纵队，挺进冀东，为酝酿已久的抗日大暴动，点上最后一把火。

7月6日晚，滦县的港北村打响了冀东抗日大暴动的第一枪。暴动风潮如火山喷发，势不可当。至8月底，共有21个县发动了抗日大暴动，参加暴动人数达20万。

暴动的红旗迎风招展，星火燎原之势令人震惊。孤悬于敌后的冀热边地区，爆发如此规模的抗日武装大暴动，震动全国。组织、发动整个大暴动的李运昌，一时间成为传奇人物，当地老百姓将他编入了民谣。

冀东抗日大暴动后，党和军队的一些领导人把冀东形势看得过于严重，高估了敌人的力量，忽视了自己的有利条件，决定把抗日联军西撤至平西根据地。

抗日联军西撤过程中，在日伪军的围追堵截下，损失惨重，约5万人的抗联队伍，最后到达平西根据地的只有千余人。眼见队伍人数越来越少，李运昌果断停止西撤，带领部分抗日联军返回冀东，为革命留下了火种。

1938年11月，李运昌在迁安县柳沟峪主持召开会议，鼓励大家在处境十分艰难的情况下，"像孙悟空钻进牛魔王的肚子里一样"，重整旗鼓，继续和敌人作战，把抗日的红旗扛到底。

重召队伍，再举红旗，在李运昌的组织领导下，冀东地区恢复与重新组建了一些抗联总队，筹建了路南办事处、昌乐办事处，到1939年夏末，抗日游击武装发展到了4000多人。

1940年初，冀东抗联武装和八路军留在冀东的包森等三个支队整编为八路军冀热察挺进军第十三支队，李运昌任支队司令员。7月，十三支队番号取消，成立冀东军分区，李运昌被任命为军区司令员。冀东的主力部队同时进行了整编，整编后的第十二团主要坚持在冀东东部，第十三团和第三游击队主要坚持在冀东西部。

此后，李运昌带领抗日队伍一直坚持在孤悬敌后的冀东地区，不断发展、壮大抗日根据地，开展游击战争，反"清乡"、反"扫荡"、反"无人区"，与日伪军进行犬牙交错的生死搏斗。

在以李运昌为代表的中国共产党人的坚强领导下，冀东抗日大暴动点燃的抗日烽火，再次燃遍冀东大地，并越燃越旺，直至发展成为冀热辽抗日根据地（李运昌后来担任中共冀热辽区党委书记、行署主任、军区司令员兼政治委员），为彻底打败日本侵略者作好了充分准备。随着冀热辽抗战队伍的壮大，李运昌率领部队先后渡过滦河建立卢抚昌抗日游击根据地，跨越长城建立凌青绥抗日游击根据地，为最后的总攻和率先出兵东北奠定了军事与地缘优势。

1945年8月，中国抗战历史迎来了转折点。8月8日，苏联政府宣布对日作战；8月9日，苏联百万红军进入中国东北；8月10日，朱德总司令发布延安八路军总部第一号大反攻命令；8月10日到11日，总司令朱德连发了七道命令，其中第二号命令是直接发给李运昌的：

"现在河北、热河、辽宁边境李运昌所部，即日向辽宁、吉林进发。"

李运昌接到朱德的命令，连夜召开冀热辽党政军领导人紧急会议，会上决定组成由李运昌、朱其文、焦若恩、李荒等人参加的"东进工作委员会"和"东进总指挥部"，会议是在丰润县大旺庄一间平顶破房中召开的。一铺土炕上放着一个油漆脱落的炕桌，李运昌端坐在桌子一头，桌上摆着几只瓷碗和一张电文，朱总司令的电文他一字一句地读了三遍，在座的有詹才芳、李中权、张明远、彭寿生、朱其文、苏林远、李子光、曾克林等，每个人的脸上都显现惊异和激动：党中央是要我们去端日本鬼子的老巢。

时间紧迫，容不得多想多议，李运昌当即决定抽出八个团、一个营、两个支队共计13000余人（占当时冀热辽主力部队总数的三分之二）、四个分区司令员和四个地委书记及2500名地方干部，分三路迅速向东北、热河挺进。

原来李运昌想把东进的部队和地方干部集中起来进行动员，为了抓紧时间东进，他决定由各路部队自己动员，大讲东进的光荣使命，并确定挺进东北、热河的任务是：（1）配合苏联红军作战，消灭东北、热河日伪军武装力量及汉奸势力。（2）接管敌伪城市，建立人民政权。（3）收缴敌伪武器、资财，扩大部队。（4）为后续部队、干部进入东北开通道路。

会上决定：李运昌为"东进工作委员会"的书记，亲自率三路大军挺进东北，詹才芳留守冀东，同时任命张明远为唐山市市长、朱其文为秦皇岛市市长。会议之后，军区上下便忙开了，忙着发指令、贴布告，宣布收复后的城市实行紧急军事管制，安顿城镇人民生活。

李运昌命令三路挺进东北的部队火速前进，不断扩大战果，各路不断传来捷报：西路在兴隆地区收编了伪满七个讨伐队2000余人及伪满第二十四旅，成立了热辽第二十四旅、挺北第一支队，解放了围场、隆化、滦平诸县，在承德与苏军会师。中路在平泉收编伪满第十九旅，成立了冀热辽第二十五旅，解放了赤峰、建平、朝阳等8个县，与苏军会师。曾克林、唐凯率领的东路军战绩最大，他们昼夜兼程，从义院口、九门口绕道出关进入辽宁，在绥中县前所与苏联红军会师后解放了山海关。

1946年6月，李运昌兼东北行政委员会冀察热辽办事处主任、冀察热辽军区副司令员、中共冀察热辽分局委员，为解放战争作出贡献，其后又提任中共热河省委书记，参与领导解放热河的多次战斗和热河地区的土地改革及恢复发展生产、支援前线等工作。

李运昌在近20年的战争岁月里，担任讨许多职务，从1938年到1945年他就先后担任冀东抗日联军领导人、冀东军分区司令员、晋察冀军区第十三军分区司令员、冀热辽军区司令员兼政委。抗日战争时期冀东流行着歌曲："李运昌司令员，率领八路三个团，打得鬼子心胆寒……"

李运昌成了人民群众心目中传奇式的英雄。尽管他很早就离开了军队，后又任热河省政府主席兼省委书记、交通部副部长、司法部副部长兼党组书记等，在冀东的秦皇岛、唐山一带，人们仍然称呼他为"司令员"。

离休后，他曾多次回到秦皇岛参加纪念李大钊、"两战山海关"座谈会等活动。1991年7月28日，李运昌在北戴河观看庆祝建党70周年历史文献片《开天辟地》后，即兴题词："中国共产党的成立标志着中国革命开始了新纪元，电影《开天辟地》再现了共产主义者的光辉形象和丰功伟绩。"

2007年，李运昌在99岁高龄之际，还为卢龙县柳河北山题写了"卢抚昌抗日根据地"。

相关链接

"李云长"名字的由来

云长，是我国东汉末年名将关羽的字，他与刘备、张飞在桃园义结金兰，成为蜀国的"五虎上将"之首。关羽去世之后，被逐渐神化，民间尊其为"关公"，清代时"关公"还被奉为"忠义神武灵佑仁勇威显关圣大帝"，尊为"武圣"，与"文圣"孔夫子齐名。

李运昌自黄埔军校毕业后，便在各地开展农军工作，他把自己所带的学员们分布于每个区县，让他们各自大力开展所辖区内的农民武装，然后将黄埔军校的训练方式运用到农民武装身上，仅仅几个月时间，便带起了一支上万人的农民革命队伍。蒋介石发动政变后，在广东的李运昌决定举起起义大旗，担任总指挥打响反抗四一二反革命政变第一枪，随后，李运昌指挥千余名农民军，在普宁县一代围点打援，消灭国民党增援部队百余人，当时各地起义都遭到失败，而李运昌指挥的农民武装却迎来了首胜。

在担任冀热察挺进军第十三支队司令后，李运昌不负众望，极力与日军周旋，乃至于日军和李运昌将军作战多年，连他的名字都没搞清楚，称他为"李云长"。因为李运昌领导的部队常常神出鬼没，当地流行一首民谣："李云长，大忠良，骑红马，挎大枪，打日本，捉豺狼。"李运昌时常带兵攻打日军，可日军连他们的皮毛都没摸到一下，日军历史文献中曾提到过与关东军大战的八路军部队，但对于这支八路军的番号并不知道。

思考感悟

● 思考：从优秀共产党人李运昌身上，我们看到共产党的哪些优良品质？给我们留下了哪些精神财富？

研学实践

冀东抗战纪念馆

冀东抗战纪念馆

革命展馆馆藏物

冀东抗战纪念馆征集到了冀东抗日武装及李运昌、曾克林等人不少宝贵的图片和实物资料，并对外陈列展出。沿街墙壁上记录抗战时期发生在这里的动人故事的白描画穿过山村，出山村北端不远是一小型水库，水库大坝上用红色地板砖镶嵌出"祖国万岁"四个大字。1943年到1945年间，冀东十二地委和专署机关在这里设址办公，指挥前线军民奋勇杀敌。冀东军区司令员李运昌将军曾长期在此指挥。

● 践行：参观冀东抗战纪念馆，追忆红色历史。通过研学实践，谈谈你的收获和体会。

★第十二回　校长也是武工队

人物简介

信修（？—1976年9月），原名孟宪章，河北省蓟县（今天津市蓟州区）人。1931年加入中国共产党。坚持冀东抗日大暴动后的抗日斗争。任临抚凌青绥联合县办事处主任、联合县工委党校校长，建立地下交通联络线，为输送抗日干部、派遣地下工作人员、传递军事情报、开辟和巩固游击区做了大量工作。

信修

红色故事

早期革命经历

信修出生在河北省蓟县瓦窑庄（现帮沟乡）一个普通农民家庭，1928年8月考入北师大民教研究班，毕业时加入反帝大同盟。1931年冬，加入中国共产党。1933年冬被捕入狱，1935年至1936年底在天津大众报社任编辑。7月7日卢沟桥事变后，信修担任迁安县抗日救国会主任，从事抗日救亡运动。

随着抗日斗争形势的发展，迁（安）滦（县）卢（龙）联合县组建，信修任联合县办事处主任，领导当地人民开展抗日斗争。1939年4月，信修受组织派遣，加入包森领导的八路军冀热察挺进军第十三支队，任第九大队政治指导员、宣传科科长。

武工队抗战纪实

1941年春至1942年下半年，日军出动近5万兵力，连续发动5次"治安强化运动"，向冀热辽各根据地大举进攻，企图消灭中国共产党及其领导的八路军等抗日武装。冀东地区的抗日军民不但粉碎了敌人的进攻，而且进一步开辟了热南和辽西等多块游击区。1942年7月，中共中央北方分局作出"巩固口里，发展口外，扩大根据地，武装开辟满洲国"的决定。

信修奉命率武工队进入青龙山区后，先在花厂峪落脚，进行抗日政策的宣传和组织发动群众，建立抗日武装。信修所率领的武工队和其他先后到来的各个武工队分成6个区域分别活动在青龙的土门子、大巫岚以东，抚宁台头营以北，临榆、柳江镇以北，凌源南部及绥中西部边沿地带。

1943年初，日军调集大批军队清剿在长城一带坚持抗日的武工队和游击队，实行"三光"政策。为了粉碎日军企图扑灭抗日火焰的阴谋，中共十三地委决定撤销临抚凌青绥联合县，将其分为关外的凌（源）青（龙）绥（中）联合县工委与办事处（即县政府），临榆、抚宁划入关内组成联合县。信修担任凌青绥联合县办事处主任兼民政科科长。

为了加强各游击区之间的联系，1943年秋，冀东区东北工作委员会和凌青绥工委组建和领导了一条由青龙至叶柏寿的地下交通联络线，建立了点线联系，为输送抗日干部、派遣地工人员、传递军事情报、开辟和巩固游击区做了大量工作。信修作为凌青绥联合县办事处主要负责人，作出了重大贡献。

1945年8月，抗日战争进入尾声，苏联红军向热河日军发起攻势。8月31日，信修率领100余人的游击队接收了绥中县城，迫使敌伪投降。

信修带领武工队员经过一系列战斗，粉碎了敌人的疯狂进攻，不仅扩大了冀东一带原有的抗日游击区，而且大大激励了敌后军民，扩大了共产党的影响。

抗日根据地中的党校

大家可能不会想到，信修不仅会武，而且能文。由他担任校长的凌青绥联合县工委党校，培养了大批土生土长的抗日干部，使那里的农民群众逐步懂得了什么是阶级和民族斗争，懂得了抗日游击战争、革命英雄主义、共产主义。

那是在1943年的时候，随着凌青绥抗日根据地的扩大及中共各级地方政权的建立，干部明显不足，特别是缺少大批有一定革命理论、熟悉地方情况的当地干部。为培养一支经得起严酷斗争考验的干部队伍，并提高干部队伍素质，凌青绥联合县委于1943年4月间，在青龙境内老岭脚下的靴脚沟村，建立了一所党校。

校长由时任凌青绥联合县县长的信修担任，校舍只有三间民房，由"东工委"宣传科科长马飞文执教，教授《中国近代史》《论持久战》《游击战争的战术和战略问题》《论半封建半殖民地中国》等著作。

由于时值战争环境，日军又屡屡围剿，所以学制较短，每期学员在校学习20天左右。

党校于1943年5月第一期开课，共80人参加学习。凌青绥境内广大抗日青年跋山涉水，积极到校学习。党校除上课外，还进行操练。课余时间抗日歌声激昂飘荡，震撼着山岳，也震撼着学员们的心。这些学员毕业后，大部分担任分区区长、游击队队长和区小队队长职务。到了10月份，第四期学员正上课时，日军纠集近万人兵力"扫荡"根据地，马飞文同志壮烈牺牲，从此党校停办。

这个党校虽然存在时间很短，但它共培养了150余名抗日干部，使凌青绥地区极端缺乏抗日干部的状况有所改善，其中有90余人毕业后担任了分区区长以上职务，50余人担任了游击队队长和区小队队长，他们像星星之火，在凌青绥广大地区燃烧起来，使这个地区抗日斗争出现了一个新面貌。

相关链接

花厂峪位于秦皇岛市驻操营镇西侧15公里左右，归青龙满族自治县管辖，距县城约110公里，是有名的革命老区。这里为中国人民抗日战争的胜利作出了巨大贡献。长城外东北第一个乡村党支部就建在花厂峪，建有军工场、被服厂，并创办了党校，培育出150多名抗日干部。

思考感悟

党校是中国共产党对党员和党员干部进行培训、教育的学校。其任务是,通过有计划地培训,提高学员用马克思主义立场、观点、方法观察和处理问题的能力;结合新的形势,提高学员的政治思想观念和科学文化水平,增强党性,进一步发挥先锋模范作用。

● 思考:在抗日战争如此紧张的情况下,为什么还要在根据地建立党校?党校在抗日战争中起到了什么作用?

研学实践

花厂峪抗日纪念馆坐落于祖山镇花厂峪村,该村文化底蕴丰厚,抗日战争时期是临抚凌青绥联合县工委和冀东军区东工委所在地,是冀热辽抗日中心和我党挺进东北、收复失地的前沿指挥中心。曾建有冀东抗日根据地第一所党校、兵工厂、服装厂和野战医院,享有"铜墙铁壁花厂峪,固若金汤靴脚沟"之美誉,是河北省爱国主义教育基地、河北省国防教育基地。

花厂峪抗日纪念馆

● 践行:参观花厂峪抗日纪念馆,追忆红色历史,通过研学实践,谈谈你的收获和体会。

★ 第十三回　滦山铁路飞虎将

人物简介

高恒（1921年4月5日—1946年），出生于河北省卢龙县沈官营（今属滦州市），1938年7月参加冀东抗日大暴动，1940年加入中国共产党。1945年，冀热辽军区为表彰高恒和他率领的滦山游击队的功绩，授予高恒三级战斗英雄的光荣称号。1946年春，高恒壮烈牺牲，年仅25岁。

高恒

红色故事

种下革命的种子

1921年4月5日，高恒出生于河北省卢龙县沈官营（今属滦州市）一个贫苦农家。由于生活拮据，自幼未能读书，年纪稍长，便帮助家里干农活。穷人的孩子早当家，他小小年纪从不喊苦喊累。困苦的生活，在他记忆中留下了深刻的印象，对于不公平的世道很是反感。由于家境贫寒，高恒17岁那年，为了挣几个钱补贴家里生活，受雇替富人家去卢龙县参加伪新民会组织的棒子队训练。训练期间颇受训骂踢打之苦，对日伪统治产生了深切仇恨。特别是在1937年七七事变之后，高恒在全国抗日宣传的鼓舞下，激起了抗日救国的决心。

1938年7月，高恒随其族侄高敬之参加了冀东抗日大暴动。暴动成功后建立了抗日联军,高敬之担任抗联第二十三纵队总队长,高恒在总队部当警卫员。任职期间,抗日决心与日俱增,坚信中国共产党领导下的抗战必能胜利,立志杀敌报国。

1939年夏,高恒参加了中共在冀东组织的第二次暴动,暴动成功后,于秋季随暴动队伍挺进平西抗日根据地。由于高恒表现积极,年轻又勤恳好学,遂被部队领导选送到随营学校学习文化和军事。他在学习中成绩突出,各方面表现积极向上,得到了群众的好评,于1940年春加入了中国共产党。

组建滦山游击队

1940年夏,高恒和冀东地区受训的干部、战士一起,奉上级命令,返回老家开展抗日游击战争。挺进冀东后,高恒担任盘山游击队队长,在盘山城乡进行抗日宣传活动,不断扩大队伍,给日伪军造成了沉重的打击。不久,高恒被任命为丰润、滦县、迁西联合县基干队队长。他带领的队伍不仅壮大了,而且活动地盘更加广阔,形成了冀东地区最活跃的抗日武装。

高恒带领的游击队,打出了名气,打出了威风,一支十几人的基干队发展成为拥有150余名队员、轻机枪两挺、小炮两门、长短枪齐备、装备精良、战斗力很强的地方武装。为了扩大地方主力部队,上级决定把步枪连队编入第八地区队,又以高恒为队长,组建了一支精悍的铁道游击队(滦县至山海关地区)——滦山游击队。滦山游击队主要任务就是打击北宁路滦县至山海关段铁路沿线之敌伪,为抗日武装搞枪支、弹药和物资。

高恒带领这支游击队在此地活动三年,熟悉人情地理,又有足智多谋的斗争艺术,他们以各种形式神出鬼没地出入于日伪统治严密的铁道线上,截火车,炸军列,端据点,拔钉子,搞伏击,打日军,歼伪军,抓汉奸特务,抢枪支弹药,夺敌人物资。他们英勇机智、胆大心细,打得日军晕头转向、闻风丧胆,有力地支援了前方的正面作战。

电影《铁道游击队》《平原游击队》正是他们的真实写照,他们用生命和鲜血编织的充满传奇色彩的英雄故事,至今还在当地流传。高恒则被群众称作"铁腿夜眼神八路"！

相关链接

高恒午夜百米毙汉奸

1942年夏天的一个夜晚，八路军滦山游击队队长高恒同志，带领部分队员转战迁安路过时滦县沈官营老家，想顺便回家看看。他们在夜色的掩护下，悄悄地进了村。村里有一个为了防止内涝，人工挖成的大坑，东西长约300米，南北宽约200米。游击队员刚到大坑的南边，就听到对面有人说话，而且还有人吸烟，烟火一闪一闪的，像鬼火一样。他们停下来，仔细听对面人交谈。由于夜深人静，对面说话声音听得很清晰，原来是几个鬼子和汉奸在坑边纳凉。高恒见机会难得，抬手瞄准大坑对面的亮光就是一枪，将正在抽烟的一个汉奸头目一枪毙命！这下鬼子、汉奸可炸了锅，毫无目标地胡乱开枪。趁着敌人慌乱，高恒和游击队员又打死了几个鬼子和汉奸后，在夜色的掩护下安安全全地撤出了沈官营。从此老百姓们传开了，说高恒是"夜眼"，晚上能看出几里之外。

忠肝义胆除敌寇，革命何须怕断头

1945年，日军投降后，高恒受上级指派，随曾克林同志挺进东北，担任冀热辽军区二十四旅七十一团团长，驻军辽宁省开原县。1946年春，受命留在辽宁省昌北县，任昌北县大队队长。1946年10月，昌北县城被敌人占领，县委根据省委书记陶铸的指示精神，决定撤出昌北，撤退时，高恒率县大队为先导，行进至榆树林村附近时，和敌人七十一军八十八师遭遇，在长岭、双辽和梨树三县交界的三不管屯，遭到反动武装包围，因敌众我寡被俘。敌人穷凶极恶地扒掉高恒的外衣，反捆双手，拴在马脖子上拖行，最终高恒壮烈牺牲，年仅25岁。

思考感悟

高恒牺牲时年仅25岁，他为了人民的解放，把满腔热血洒在了自己热爱的

土地上，为革命献出了年轻的生命。

缅怀革命先烈，激励后人：牢记历史，勿忘国耻，团结一心，爱我中华！

● 思考：抗战英雄给我们留下了哪些精神财富？

研学实践

柳河北山村在冀东抗战纪念馆旁边，别看这里就是一个偏僻的小山村，但这里在当时却是冀东抗战的后勤大本营，在抗战时期，源源不断的物资就是从这个小山村运往东北战场，为抗战胜利立下了汗马功劳。现在，为了传承红色文化，赓续红色基因，这里依然保存有很多工厂遗迹，被服厂、粮库、兵工厂等。在山村附近还有一个烈士陵园，里面长眠着众多无名英烈，青山有幸埋忠骨，非常值得我们前去祭奠缅怀。

● 践行：让我们一起走进柳河北山村，去感受烽火漫天，枪林弹雨的峥嵘岁月，谈谈你的收获和体会，我们应该如何为实现中华民族伟大复兴的中国梦而努力奋斗！

革命烈士纪念碑

★第十四回　花厂峪的母亲们

花厂峪简介

"九沟十八岔，岔岔有人家，多则三两户，少则一两家。"花厂峪是村名，也是一条沟的名字。这条长达7.5公里的山沟位于祖山东麓，沟内有靴脚沟、大花生峪、五道岭、花红沟、冰窖子等13个自然村。

这个深山沟里的小山村，曾是临（榆）抚（宁）凌（源）青（龙）绥（中）联合县工委机关所在地；这个不足500人的小山村，有17人加入中国共产党，58人参加八路军，120人抗日支前，涌现了米恩林、赵成金、王金等抗日剿匪英雄；还是这个小山村，军民齐心筑起了一道保护地方红色政权的血肉长城，从而被誉为"铜墙铁壁"。

抗日战争时期，这里是共产党和八路军的坚强堡垒。这里的人民英勇不屈、不畏牺牲，为保卫抗日政权作出了巨大贡献。1946年，热河省人民政府特授予花厂峪村一面锦旗，上书"铜墙铁壁花厂峪，固若金汤靴脚沟"。

花厂峪

红色故事

山沟沟里的英雄凯歌

1937年8月的洛川会议后,毛泽东以战略眼光指出了冀东在抗战中的重要地位,指示红军转移一部分力量于敌后的冀东,以雾灵山为根据地进行游击战争,对平、津、唐形成包围态势,并以燕山为战略基地,向东北发展。

肩负着指挥这一伟大战略进军任务的晋察冀军区司令员聂荣臻曾慨然赋辞:"我们屹立在五台山、太行山、衡山、燕山,旌旗指向长白山;我们驰骋在滹沱河、永定河、潮河、滦河,凯歌高奏鸭绿江。"

坚持华北挺进东北,战斗在燕山崇山峻岭和滦河之滨的冀东军民,就是实现这一战略意图的尖兵。

为保存实力,扩大回旋余地,同时为解放东北打开通路,1942年初,我党先后派出几支武装工作队,开辟临抚凌青绥地区。2月,以信修为队长的凌青绥武装工作队出冷口,4月在肖营子、西双山一带建立凌青绥地区第一个区政权。7月,以宋国祥为队长、张仲三为指导员的第三远征武装工作队,与马骥率领、随后到达的冀东军分区第十二团一营,进入青龙东部地区。到11月,开辟以花厂峪为中心的100余个村为抗日游击根据地。12月,张化东率领的中共冀东东北工作委员会(东北工作委员会的主要任务是打破长城封锁线,牵制日军,向东北开展工作,配合反攻)工作人员挺进到临榆、抚宁北部山区,与宋国祥武装工作队建立了联系。随即,根据冀东地委的决定,组建了中共临抚凌青绥联合县工作委员会和联合县办事处,机关驻地花厂峪村靴脚沟。

1943年秋季,日本侵略军纠集各路兵力6000余人,对花厂峪这一红色根据地,发动了疯狂的"秋季大扫荡",他们分兵10路进行合围,狂妄地叫嚣:"血洗花厂峪,火烧靴脚沟。"

短短两天,敌人就杀死村民84人,烧毁房屋400多间。花厂峪村民在工委干部战士的带领下向深山密林转移。敌人又采取步步为营、篦梳山林的策略,接连不断地对花厂峪附近的山林进行了长达17个昼夜的残酷围剿。

反围剿中的抗战巾帼

一天,敌人突然出现,躲避在山脚密林中的工委干部和花厂峪村民只好悄悄转移。当时,花厂峪村第一任党支部书记米恩林家有一个刚刚出生不久的儿子。转移途中,婴孩的啼哭立刻引来了正在搜山的日伪军。危急关头,为了大家的安全,米恩林的妻子康玉平用奶头紧紧堵住了儿子的嘴……等到日伪军走后,康玉平发现,儿子的脸已经发青……

满脸泪痕的花厂峪"民族母亲"们,为中华民族的解放事业作出了巨大牺牲:共有22个婴幼儿死于日伪军的残酷围剿中。

就是这样的血肉长城筑就了"铜墙铁壁花厂峪",连日本侵略者自己也不得不承认:"他们放弃了这处阵地,并不表明八路军减弱了。他们往往放弃一处阵地,又进入另一处山区……虽然这些地区表面上看来不像以前那样活跃了,像是一块白色的土地,但是只要剥开一层表皮,就会发现红色的土地……"(铃本启久《制造无住地带》,选自原岛修一编《日本战犯回忆录》)

花厂峪的母亲们

相关链接

花厂峪抗日纪念馆

2010年7月，花厂峪抗日纪念馆建成。纪念馆坐落于村中心地段，以党政军民抗战历程为主线，由"壮士北上，星火燎原""日军铁蹄，残酷暴行""同仇敌忾，铜墙铁壁""杰出人物，不朽丰碑""缅怀英烈，情系老区"5个部分组成。

抗日纪念馆西不远处的山坡上，是同样在2010年重建的花厂峪革命烈士陵园。1984年，为纪念长城阻击战中英勇牺牲的革命烈士，花厂峪村党支部和村委会决定，将分葬在长城脚下的12位烈士移葬到花厂峪村西山，建立了花厂峪革命烈士陵园。后来又陆续将埋葬在其他处的6位抗日烈士的遗骨移葬到此陵园。重建的花厂峪革命烈士陵园，由石桥、入园景石、园门牌楼、追思长阶、幽思步道、松柏园、墓地广场、忠魂塔、纪念碑文、战事浮雕墙等10个部分组成，安葬了青龙满族自治县县域内的187名烈士。

花厂峪抗日纪念馆旁是花厂峪村小学。2007年，校长程少东编写了一本校本教材——《可爱的花厂峪》，里面以"英雄谱"的形式收录了花厂峪人民大量的英勇革命事迹，目的就是让花厂峪的后代不忘历史，不忘先辈们用鲜血铺就的今天幸福之路，让花厂峪的革命精神代代相传。

思考感悟

战争的硝烟虽早已散去，但花厂峪人民的事迹与精神代代相传，永不磨灭。当我们再次走在前往花厂峪的路上，山深林密，道路崎岖，即使乘坐现代交通工具前往花厂峪依然是一件颇为困难的事情。80多年前，先辈们不仅要徒步在此生活起居，更要在这里借助着密林遮挡，与敌人们展开殊死的战斗。"诚既勇兮又以武，终刚强兮不可凌。身既死兮神以灵，魂魄毅兮为鬼雄。"历史选择了花厂峪成为军事要地，而我们党选择花厂峪则是为了抵御外敌侵略、拯救人民群众于水火。

- 思考：我们这来之不易的和平都是共产党带领人民群众用血肉之躯换来的。请大家观看数字电影《祖山魂》，了解花厂峪的英雄事迹，用自己的语言概述一下先辈们身上的优秀品质和性格特点。

- 示例：今天我们研读了蕴藏在花厂峪背后的英雄故事，一步步迈进那具有红色记忆的土地，红色的足迹和信仰如同一幅幅鲜红的画卷，在我们眼前展开。我们感受到了战士们不怕吃苦、舍生忘死、无所畏惧的英雄主义精神。那种毅然决然的英雄气概令我们叹为观止。

研学实践

革命老区变身红色基地

三月的满乡莺飞草长，生长于高山的野杜鹃含苞待放。村如其名，花厂峪村便坐落于这满是杜鹃花的山冈之下。每逢初春，一枝枝、一簇簇的野杜鹃悄然开满山冈，远远望去犹如一团团燃烧的红色火焰。2010年10月1日，青龙满族自治县红色文化开发重点项目——花厂峪抗日纪念馆终于正式落成开放。随着花厂峪抗日纪念馆和烈士陵园的落成，花厂峪先后被命名为河北省爱国主义教育基地和国防教育基地，全国24个单位在此设培训点，累计40多万人来花厂峪参观学习，接受爱党爱国教育，昔日闭塞的小山村成了远近闻名的红色教育基地，重新焕发了生机与活力。

花厂峪抗日纪念馆

花厂峪英雄纪念碑

●践行:"重走红色征途,赓续红色基因",我们一起前往花厂峪,走进抗日战争纪念馆,沉浸式地观看墙上一幅幅老旧照片、展台上一件件烈士遗物,感悟英雄精神。

★第十五回　举家抗日的郭大娘

人物简介

郭大娘是三星口地区有名的模范抗属，也是一位伟大的母亲。郭大娘没有留下名字，别人都是随着她的丈夫郭长荣的姓，而称她为郭大娘。其满门忠烈抗日军的事迹在当地广为流传。

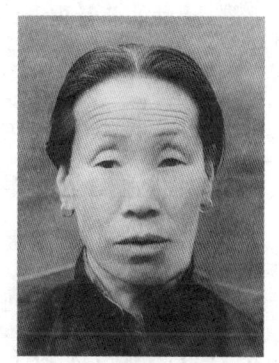

郭大娘

红色故事

一张保书背后的故事

"因于伪满康德十一年正月间，有日本宪兵队长监督，敝充行动队班长随去插沟出发，致将郭海楼父亲误伤致命，以此被有嫌疑，今经中保人说合，言归于好，以后无论任何时代，绝无反感，全无反颜仇视之意，倘有意外举动，保人×××四人负其完全责任……"

这是一张立于1945年的保书，保书背后的真实故事是：

青龙县三星口乡西岔沟村被日伪军包围，郭海楼的父亲郭长荣为了掩护抗日干部引开敌人，被日伪军击中了下巴。日伪军顺着雪地里的血迹追到了他的藏身之处，把他从山崖上吊下来，摔在了雪地上，伪军胡献国用刺刀将其刺死。

1945年11月，正是这个伪军胡献国，眼见着日本侵略者已经投降，而郭长荣的长子郭海楼此时已经成为共产党的干部，生怕被清算的他，找了4个保人，立下了这张保书，企图开脱罪责。

新中国成立后，按规定，背负血债的胡献国要被镇压，是郭长荣的妻子郭大娘的一句话救了他的命："我已经是寡妇了，就别再让别人再成寡妇了。"

两相对照，不难看出，是什么样的人跟着共产党，又是什么样的人当了汉奸走狗。

伟大的母亲

郭大娘的二儿子郭子雨精明强干，被马骥看中，参加了八路军。临行前，她嘱咐儿子："好好跟着马队长干，有日本鬼子在，就没有咱们好日子过，你们要狠狠地打鬼子！"

日本侵略者和伪行动队把郭大娘家列为重点"八路匪窝"。农历腊月的一天，他们突然包围了大娘家，用刺刀点着大娘的胸口说："限你10天，让你二儿子回家不干八路，让你大儿子也别跟着共产党跑，就留下你的房子和你全家性命，否则格杀勿论，何去何从，你今天表个态吧！"大娘一声没吭，凶残的敌人见大娘不表态，就放火烧了大娘家的7间草房，粮食、被褥、家具全部化为灰烬。

1943年农历新年前后，郭大娘的二儿子郭子雨在战斗中牺牲，二儿媳被伪军逼得吞了"大烟"，丈夫被伪军刺死，不到两个月时间，郭大娘接连失去了三位亲人，她自己带着两个年幼的儿子，被逼进了"人圈"。

一天夜里，一位分区干部摸进"人圈"，和郭大娘商量："前方有些吃紧，想让海楼参军，去武装开辟绥中，您老人家同意吗？""让他去吧！只要能把鬼子赶出去，大娘什么都豁得出来！"就这样，刚刚失去了丈夫、二儿子、二儿媳的郭大娘，又同意大儿子郭海楼去参军。

支援前线，投身革命

郭大娘在"人圈"里忍饥挨饿，还把仅有的一点米或一块馍偷偷埋在粪筐里，送给山上的伤员。中共凌青绥联合县工委了解到郭大娘一家的情况，特意派民运科科长信修想办法从"人圈"里解救出郭大娘一家，转移安置到抚宁上庄坨。

当时安排在这里的抗属老的老、小的小，孤儿寡母的有好几十人，工委的干部有时忙不过来，郭大娘就主动做这些抗属的思想工作，大家有什么事也愿意找她商量，大娘就成了这些抗属的主心骨。她把这些抗属组织起来，做些力所能及的工作，支援前方，给当时的抗日政府减轻了不少负担。

抗日战争胜利后，郭大娘回到老家西岔沟。这位伟大的母亲又投身到轰轰烈烈的土地革命和解放战争中。她几次险些死在土匪、"还乡团"之手，但她早已把生死置之度外，支撑着虚弱的身子护理了很多解放军伤病员。可惜，刚刚尝到幸福生活的甜头不久，郭大娘便于 1953 年不幸病逝。

抗日战争、解放战争时期，郭大娘的大儿子郭海楼一直在绥中地区从事革命工作。1949 年 4 月，他被派往江西，后来担任中共抚州市委书记。

相关链接

三星口地区抗战纪念馆

三星口抗战纪念馆

三星口地区抗战纪念馆于 2019 年 10 月开始启动设计，2020 年 8 月底竣工。展馆面积 75 平方米，展线面积 140 平方米，照片 68 张，实物 10 余件。馆内展示内容主要分为三部分，即日本帝国主义实行残暴的殖民统治、中国共产党领导三星口人民奋起抗日、主力部队在三星口地区取得丰硕战果。

抗战期间，三星口地区是我党我军开展游击战争的重要区域、开辟抗日新区的重要基地，也是与日军直接交锋的前沿地带。当地的洞子沟、龙岗党支部团结带领广大群众，积极配合八路军、武工队、游击队，与日伪军进行了英勇斗争。

思考感悟

在抗日战争期间，千千万万像郭大娘这样的英雄母亲，不畏强暴，不怕杀头，毅然送夫、送子参军，节衣缩食支援人民子弟兵。正是因为有了广大人民群众的大力支持，共产党领导下的抗日武装才如鱼得水，在各地扎根、开花、结果，直至取得抗日战争最后的胜利。

● 思考：正是因为有老一辈的奉献与牺牲，才有了我们现在的和平年代与富足生活，在中华民族伟大复兴的新时代，郭大娘的这种精神我们应该如何发扬？

研学实践

● 践行：通过参观三星口地区抗战纪念馆，了解日本帝国主义的暴行、中国共产党领导三星口人民奋起抗日、主力部队在三星口地区取得的丰硕成果，谈谈你的收获与体会。

★ 第十六回　女英雄王册

人物简介

王册（1922年10月15日—1943年10月23日），原名王者香，昌黎县大蒲河镇杨家营村人。1940年考入燕京大学，后转入北平大学学习并开展革命活动。1942年加入中国共产党。在日军对阜平地区发动的第八次"清剿"中，她毅然以己之身吸引敌人注意力，使区委书记和大部分群众安全脱险，自己却被逮捕，英勇牺牲。阜平县委、县政府在王册牺牲的地点修建了"民族英雄王册同志纪念碑"。

王册

红色故事

蕙质兰心，投笔从戎探索救国之路

在太行山深处的河北省保定市阜平县南雕窝村头，矗立着一座镌刻着"民族英雄"四个大字的烈士纪念碑。这座纪念碑，是晋察冀抗日根据地的军民在1944年春天专为昌黎人民的好女儿王册设立的。这里，是她英勇牺牲的地方。

王册是昌黎县城东偏北11公里处的大蒲河镇杨家营村人。她自幼生长在沈阳，原名王者香。这一名字，是她在东北银行任职的父亲王子和依据孔子《猗兰操》中的名句"兰当为王者香",给她起的别致而幽雅的芳名,希望她蕙质兰心,有所作为。

王册的小学是在奉天第五小学上的。1930年,她被学校推选参加辽宁省举办的小学语言竞进会,荣获第一名,获得了一尊银盾(现藏冀东烈士陵园)。

九一八事变后,王册随父母回到昌黎老家,读完小学后以优异的成绩考入了昌黎汇文中学。冀东沦为敌占区后,她又随父母迁居北平,考入美国教会办的慕贞女子中学就读高中。

1940年秋天,王册考入燕京大学教育系。她本准备在燕京大学教育系完成自己的学业,将来从事教育工作,没想到太平洋战争爆发以后,燕京大学在1941年12月被日军查封,这使得她不得不转到北平大学(现北京大学)文学院史学系继续求学。

虚心求教,机智勇敢投入抗日洪流

进入北平大学以后,王册勇敢地参加了反抗日本侵略者的斗争,当上了抗日组织的秘密交通员。1942年4月,她由同学王秀山介绍加入中国共产党。同年12月,北平大学地下党组织决定输送一批进步青年支援抗日前线。在父亲被捕入狱,家里仅剩母亲一人的情况下,王册毅然响应党组织的号召,和同学一起赴晋察冀抗日根据地工作。

1943年3月8日,正在北岳区委党校学习的王册,作为平津敌占区的妇女代表参加了晋察冀边区举行的纪念国际劳动妇女节大会,以亲身经历控诉日军在平津的侵略暴行。她满腔义愤、有理有据的演讲激发了抗日军民反抗日本侵略者的斗志。

1943年8月,王册结束在北岳区委党校的学习,被分配到阜平县一区任专做妇女宣传工作的区委副宣传委员。

从9月开始,日军纠集20万兵力对华北抗日根据地进行疯狂的秋季大"扫荡",其中对北岳区竟动用兵力4万,持续3个多月,其"残酷性、长期性、毁灭性"均达空前水平。

血雨腥风的游击环境和艰难困苦的生活条件锻炼和考验着年轻柔弱的女大学

生。王册坚决执行党的"县不离县、区不离区"的斗争策略，英勇顽强地坚持在阜平一区。她与贫苦农民打成一片，吃糠菜树叶团子，睡庄稼地、盖茅草，帮工农干部学文化、学党的文件，虚心求教工作中遇到的各种问题。在短短一个多月的时间里，她以自己的实际行动赢得了广大干部群众的称赞。

边区军民经过艰苦努力，取得了七次反"扫荡"斗争的胜利。

宁死不屈，正气凛然面对敌人刺刀

到阜平后不久，王册就染上了疟疾，断断续续时常发作。在缺医少药的情况下，她以顽强的意志克服病痛坚持工作。后来病情日趋恶化，连续高烧再加上腿部生疮，使她虚弱得连说话都非常困难。区委派人用担架抬她到南刁窝村党支部书记家里养病。

10月，日军对阜平地区又发动了第八次大"扫荡"。23日凌晨，王册和区委的主要干部被围困在南刁窝村。正在此开会的一区区委书记吕介和等迅速指挥群众转移。他见王册行动困难，便搀扶着她一起突围。

眼见敌人越来越近，两人都有被捕的危险。王册猛力推开区委书记，坚定地说："不要管我，快带领同志们转移吧！"说完，她用尽平生力气，艰难地朝另一个方向走去，以此来吸引敌人的注意力。

区委主要干部和大部分群众脱险了，王册却落入敌人的魔掌。由于汉奸的出卖，王册被查出是平津来的抗日学生。日军采用各种威逼利诱手段，让她说出共产党、八路军的活动地点，王册守口如瓶。日军用刺刀挑碎她的衣服，火烧她的皮肤，用枪托打，用鞭子抽。面对敌人的种种暴行，王册正气凛然地说："你们这群野兽可以撕碎我的衣服，打坏我的筋骨、皮肉，要口供，半句没有！要杀要砍随你们便，中国人是砍不尽、杀不绝的！"

几把明晃晃的刺刀一齐对准王册下了毒手。王册牺牲时，刚刚21岁。

"为王册同志复仇，保卫大阜平"，阜平县军民化悲痛为力量，团结一致，粉碎了日军的第八次大"扫荡"。反"扫荡"胜利后，阜平县党和政府为王册举行了隆重的追悼会，在她牺牲的地点修建了"民族英雄王册同志纪念碑"，两旁镌有"高山巍峨遗壮志,沙河奔腾誓雪仇"两行大字,正中是四个大字"民族英雄"。

相关链接

全国解放后,王册烈士的遗体移葬于唐山冀东烈士陵园。1958年清明节,她那白发苍苍的双亲,作为特邀代表,与冀热辽军区司令员李运昌等领导同志一起,出席了隆重的陵园落成典礼。在圣洁肃穆的烈士墓区,他们手抚墓碑,老泪纵横,难以自持。这不光是悲痛,更多的是骄傲与自豪——他们那心爱的独生女儿,鲜血没有白流,她和千千万万革命先烈一起,用朝霞般的生命,换来了祖国的独立和尊严。她就像原名王者香所寓意的兰花那样,清新淡雅,高洁坚强,永远开放在她为之献出年轻生命的中华大地。

思考感悟

1943年10月23日,在晋察冀边区阜平县南刁窝村,为掩护区委干部脱险,王册不幸落入日军之手,敌人对她严刑拷打,百般折磨,她也一声不吭,怒斥敌人,凶残的敌人用刺刀将她刺死,年仅21岁。"高山巍峨遗壮志,沙河奔腾誓雪仇"这是献给女大学生王册的挽联。国难当头,当民族陷入水深火热之时,她投笔从戎,毅然投入抗日洪流,宁死不屈的共产党员王册,面对敌人刺刀,大义凛然,壮烈牺牲,用自己年轻的生命书写了一曲青春的赞歌!

● 思考:通过阅读抗日女英雄王册的红色故事,思考面对敌人严加拷问、威逼利诱,是什么力量让王册宁死不屈、慷慨就义的?

研学实践

为了悼念革命先烈,王册烈士的牺牲地修建了"民族英雄王册同志纪念碑",1958年春天,王册烈士的灵柩被移葬到家乡一带修建的冀东烈士陵园。秦皇岛烈士陵园内立有王册塑像。

第十六回 女英雄王册

王册塑像

● 践行：江山如画，岁月更迭，唯精神永存！让我们一起重温红色记忆，永做红色传人。通过研学实践，谈谈你的学习感悟。

★ 第十七回　柳江煤矿的枪声

历史背景

位于秦皇岛北部 30 多里的柳江煤矿，当时有工人 2000 人左右。矿区有自建的小铁路直通秦皇岛港口，交通便利。日军侵占这里后，在柳江煤矿、上庄坨、义院口等处驻兵设防，其中在柳江煤矿驻有 1 个小队的日军、1 个连的伪军，并在矿区周围设有炮楼。矿区的路南是日本领事馆，路北是伪警察局。这样，柳江矿区成了日伪控制南北交通、进攻滦东抗日根据地的一个重要据点，给抗日部队和地方工作人员在这一带活动造成威胁。

红色故事

柳江矿工备受压迫

秦皇岛北部抚宁石门寨柳江煤炭资源丰富，有百余年采煤历史，有"京东小煤都"之称。20 世纪初期，这里煤矿产业发达，有柳江、长城等大型煤矿。这里产业工人集聚，有一批人数庞大的煤炭工人。他们处在残酷剥削和压迫之下，一直过着非人的生活，干着牛马的重活。煤矿作业分为昼夜两班，每班工作是 12 个小时，工资是每人每班 7～9 角。资本家只知道要煤，不顾工人死活，矿上无任何安全设施和防范手段，工人们长年冒着生命危险作业。由于经营不善，企业负债累累，资本家为了维持经营长期拖欠工人工资。

早在 1922 年山海关、秦皇岛、唐山等地区工人大罢工时，柳江、长城二矿工人就曾受到过很大的影响和启发，开始认识到只有起来斗争才有生路。1926 年，长城煤矿工人成立了工会，组织了罢工和游行示威。矿方在工人斗争的威慑下，不得不发还部分拖欠工资。当然，这种自发的斗争，可能取得一定的胜利。但是资本家是十分狡诈的，在发还部分欠资以后，又出现新的拖欠，矿工们仍难摆脱贫困的枷锁。

中共柳江煤矿支部成立

抗战爆发后，日军侵占秦皇岛，占据柳江煤矿，奴役劳工，激起了工人们的极大愤怒。1942 年，中共柳江煤矿支部成立。两年间，带领柳江煤矿工人开展怠工斗争，并协助八路军多次奇袭柳江煤矿。在此期间，柳江煤矿的工人们积极配合我军将士英勇杀敌、搜集情报、偷换火药、拆卸车床、为八路军转送物资等，矿工们冒着生命危险圆满完成有关任务，有力地支援了抗日斗争，狠狠地打击了日军的嚣张气焰，涌现了许多可歌可泣的动人事迹，表现了中国工人阶级的豪情壮志和博大胸怀。

1942 年底，正是中国人民抗日战争即将由战略相持转为战略反攻的重要时刻。中共临抚昌联合县二总区委为了在柳江煤矿和矿区内开展抗日工作，发动工人群众反抗日本侵略者，用实际行动迎接抗日战争战略反攻的到来，并为根据地兵工厂筹集急需的物资。二总区委书记华仲民首先培养和发展了柳江煤矿的傅平、赵连弟二人加入中国共产党。次年2月底，建立了以傅平为书记的中共柳江煤矿支部。随着开展工作的需要，又发展了7名党员。

党支部建立后，积极宣传抗日战争的大好形势和抗日战争的伟大意义，提高工人群众的政治觉悟和民族自尊心，秘密发动工人群众起来反抗日本侵略者的统治。一方面，利用各种方式进行怠工、罢工，或者虚报产量；另一方面，一大批进步工人冒着生命危险，以黄泥卷顶、多领少用的各种形式，从井下或药库搞出雷管、炸药，转给八路军兵工厂，用以制造地雷、炸弹打击日军。工人们为我军修理枪械，秘密拆掉车床、机械设备运往抗日根据地。党支部秘密搜集日伪情报，侦察日伪据点的火力配备，绘制日军首脑机关和其他军事机关的地理位置图，报给上级组织，还组织工人配合八路军攻打日军据点，协助地方政府除奸打特等为民除害的工作，经常向工人群众宣传抗日前线捷报和英模事迹，动员抗日积极分子和富有民族气节的青壮年起来抗日。据统计，先后有200多名矿工离开柳江煤矿，奔赴抗日战争前线参军参战或就地参加革命工作。这个仅仅几名党员的支部，秘密地活动在敌人的心脏，坚持到抗战胜利，在抗日战争中作出了突出的贡献。

柳江煤矿日军据点的垮台

1943年，滦东八路军马骥部在柳江周边活动，不断打击日军据点。柳江煤矿是盘踞在这一带较大的敌人巢穴，兵力较强。柳江煤矿地下党支部为了配合我军顺利打下这个顽固据点，特地绘制了矿区内的地形和日伪机关、重大建筑设施的位置等详细图纸。在战斗中，柳江煤矿的工人们积极配合我军将士杀敌捕俘，运送弹药，砸敌医院，抢敌粮仓，充当向导等，狠狠地打击了日军的嚣张气焰，对秦皇岛以及周边城镇的敌人震动很大。这次战斗后，柳江煤矿工人在地下党支部的领导下，采取了怠工、破坏生产工具等形式，不断同日军以及矿长、监工们进行斗争。同年10月，工人们卸掉了55千瓦绞车滚筒，拆除部分矿车钢轨交给八路军，使日军惊恐不安。

1944年2月28日，八路军七区队第二次袭击了柳江煤矿日军据点。之后，又于7月的一天，在柳江煤矿工人们的积极配合下，第三次攻打这个顽固据点。在这次战斗中，彻底炸毁了井口电厂，同时破坏了其他重要设施。之后，工人们又多次破坏生产设备，甚至将机械运至解放区。在我抗日军民的多次沉重打击下，柳江煤矿彻底停产了。

柳江煤矿日军据点的垮台，对石门寨、上庄坨等据点的敌人震慑很大，使其龟缩在炮楼和墙院内，基本不再外出活动。经过战斗的洗礼，我人民武装力量日益强大，工农群众抗日情绪高昂。柳江煤矿的广大矿工们为了中华民族的彻底解放，为了广大工农群众的根本利益，宁可自己失业，为搞垮日伪煤矿积极贡献了力量。今日的柳江煤矿，也因这段历史，而拥有了红色的基因，传递着革命的火种。

相关链接

柳江煤矿简介

柳江煤矿位于秦皇岛市北海港区石门寨镇境内，南距秦皇岛海港17公里，东南距山海关17公里，北靠万里长城。整个煤田东西宽5公里，南北长20公里，盛产无烟煤，储量丰富。柳江煤矿于1914年大规模开采，开始由中国商人投资，很快发展成为地方民族工业的骨干企业。1935年，柳江煤矿被日本侵略者强行占据，对其进行了掠夺性开采，所产煤炭大部分运往日本。1944年在冀东抗日武装的打击下，日本侵略者弃矿逃走。1969年恢复柳江煤矿。

1922年，柳江煤矿运煤列车开进铁路公司秦皇岛车站

思考感悟

柳江煤矿的工人们积极配合我军将士英勇杀敌、搜集情报、偷换火药、拆卸车床、为八路军转送物资等，矿工们冒着生命危险完成任务，迫使日本侵略者弃矿逃走，有力地支援了抗日斗争。

- 思考：是什么样的力量支撑他们冒着生命危险去完成一次又一次的任务？

作为新时代青年的我们，应该怎样做才能不负先辈的流血与牺牲？

研学实践

在海港区石门寨柳江煤矿矿区深处，有一口破旧的矿井井筒，井筒周边杂草丛生。这是柳江煤矿最古老的井筒之一，经历过多次拓宽改造。走进这幽深的井筒，我们仍可看到，日本侵略者强占我煤矿、掠夺我资源、压榨我劳工的痕迹。

● 践行：让我们走入柳江煤矿，乘坐时光机一起穿越那深邃的井筒，看看那头的黑暗岁月。请跟随研学的脚步，记录下你的心路历程。

★第十八回　七里庄村天外客

历史背景

随着世界反法西斯战线的不断扩大，日本法西斯侵略势力逐渐被瓦解，中国人民经过了数年苦战，终于取得了抗日战争的阶段性胜利，但与负隅顽抗的日军交战中，仍有无数仁人志士前赴后继。渤海沿岸的七里海地区一带的村庄，因地势地形合适，在冀东区，成为昌黎、抚宁铁路以南地区建立的抚昌联合县的"堡垒村"。这些村庄在抗日战争中不仅发挥了重要作用，还创造了"和平玫瑰"的佳话。

红色故事

"堡垒村"后七里庄

昌黎县茹荷镇后七里庄村，村名出自渤海沿岸独一无二的潟湖——七里海。距离后七里庄不远的七里海，以水域宽有七里而得名，曾为渤海沿岸一个较大的淡水湖泊，被称为"七里滩"。清光绪九年（1883年），滦河涨溢，泛滥成灾，七里海湖水高涨，冲开像堤坝一样高大而横遮海岸的百里沙丘，形成一个新开的入海口，从而与渤海连通，一下变成海水与淡水融汇的潟湖。

七里海变成潟湖后裸露出大片滩涂，不少人前往开荒种地，搭铺落居，逐渐形成一些新的村庄，后七里庄就是其中之一。抗日战争期间，7名美国盟军飞行员在这里获救,这里成为中美友谊之花绽放的植根之地。

抗日战争后期,由于这里地处沿海的沼泽和低洼地带,周围都是水坑,比较偏僻,附近村庄迅即成为在昌黎、抚宁铁路以南地区建立的抚(宁)昌(黎)联合县的"堡垒村"。当时,后七里庄成立了抗日民兵组织,不少人家成为常住共产党干部和八路军官兵的"堡垒户"。营救美国盟军飞行员的故事发生在抗日战争胜利的前一年秋天。

游击队勇救飞行员

1944年9月8日,美国陆军第二十轰炸机总队的上百架B-29型远程重型轰炸机,由成都新津、广汉、邛崃、彭山等机场起飞,轰炸鞍山和本溪湖日军的钢铁工业基地。当天下午,第444轰炸大队第679中队驾驶的42-6234号B-29型远程重型轰炸机在渤海沿岸失事,在后七里庄村西偏北十数里外范庄子村南的一个坟地坠毁。当时,机组有11人,在飞机坠毁

后七里庄营救美国飞行员

前全部跳伞,其中4人落入海中失踪,有7人在后七里庄一带滩地分别得到营救。

1944年3月建立的中共抚昌联合县工作委员会正在后七里庄举办党员干部培训班。当天下午2时前后,发现有一些飞行员在村庄附近上空跳伞以后,培训班学员和民兵分头到村外去搜寻跳伞的飞行员。最先得到营救的美国盟军飞行员是中央火力控制枪手兰道斯上士和吉雷上士,两人落地后在后七里庄村东荒滩被发现。不久,最后跳伞的42-6234号B-29远程重型轰炸机机长、正驾驶约翰·欧文通上尉在后七里庄村西南一个豆子地获救。

弄清获救的美国盟军飞行员身份后,后七里庄村的干部、群众热情款待了这几个从天上飞来的不速之客,并给跳伞落地时左脚踝受到挫伤的兰道斯上士医治

扭伤。另外4名跳伞的美国盟军飞行员，落到七里庄一带海滩后，结伴西行，在大营村一带获救。

9月9日下午，在后七里庄获救的3名美国盟军飞行员，与在大营村一带获救的4名美国盟军飞行员会合，被抚昌联合县支队护送到铁路以北的碣石山区抗日根据地。后来，他们从八路军冀东军区第十二团驻地（今卢龙县燕河营镇东花台村一带）被安全护送到冀热边特委，并由那里转送到晋察冀军区，直到延安。

根植七里海的"和平玫瑰"

抗战胜利后，这7个美国盟军飞行员回到美国，依然念念不忘获救之地。其中雷达员奥利渥·欣斯德尔等不到中美关系解冻，便已去世。1973年初夏，他的夫人阿玛利亚·欣斯德尔为实现他回中国寻找获救之地的遗愿，特意来到中国寻找他当年遇救的地方。为了表达在反法西斯战争中中美人民结下的战斗友谊，她从太平洋彼岸特意携来两株典雅、庄重的"和平玫瑰"，一株赠送给毛泽东主席，一株赠送给周恩来总理。

所谓"和平玫瑰"，是法国园艺家采用当地玫瑰和中国月季杂交后获得的新型玫瑰。1945年4月9日，它被命名为"和平玫瑰"的那一天，正值柏林解放，德国法西斯覆灭。而它接受"全美玫瑰金奖"那一天，恰好又是日本军国主义宣布无条件投降之日。

1978年5月19日，叶剑英等党和国家领导人在中南海接见前美军驻延安观察组成员访华团时，邓颖超特意从家里摘来一枝正在盛开的"和平玫瑰"，向美国朋友讲述了这枝"和平玫瑰"的来历，她说："这是一枝中美人民的友谊之花。"七里海之滨默默无名的后七里庄一带，便是这珍贵的"中美人民的友谊之花"植根之地。

相关链接

美丽的七里海

七里海潟湖是河北昌黎黄金海岸国家级自然保护区内重要的保护区域，位于保护区中南部沙丘带内侧。东北隅有潮汐通道与海相连，属半封闭式潟湖。地貌类型包括湖滩、湖盆、湖堤、防潮闸、码头、潮汐通道、海滩等，其中含有较多的人工地貌，建区时潟湖盆地总面积约 8.5 平方公里，水面 3.5 平方公里。

虽然在 20 世纪 80 年代受到了一定的破坏，但随着近些年政府保护和治理力度加大，以及人们生态环保意识的增加，七里海目前已经恢复了生态和谐。七里海与渤海仅一桥之隔，湖海交会水域，鸟类生活必需的矿物质和海洋生物饵料充沛。鸟类迁徙季，白鹳、白头鹤、天鹅、火烈鸟等大批候鸟都会来到七里海，停留小憩、补充给养、繁衍生息，呈现了一幅人与自然和谐共生的美好画卷。

思考感悟

战争无情但人有情，中华民族更是重情重义的民族。对帮助我们战胜日本法西斯侵略的美国军人，村民们倾力相救，这用真心换真心的暖心行为，促使这片海滨之地开出了象征两国人民深厚友谊的"和平玫瑰"。

● 思考：结合上述故事，请同学思考如何才能让国家间的友谊之花常开不败。

研学实践

● 践行：同学们可以重游美丽的七里海，在游览过程中认真观察七里海的周边环境，总结七里海地区有怎样的地理优势能成为抗日"堡垒村"。再通过村委会进入村中慰问了解本村历史的老人，探寻村里的抗日英雄和抗日故事，最后结合你的见闻谈谈你的收获。

★ 第十九回　收复重镇山海关（一）

人物简介

曾克林（1913年11月—2007年3月），江西省兴国县人。1930年10月参加中国工农红军。参加了第一至五次"反围剿"和长征。抗战期间任冀东军分区参谋长兼第十二团团长、冀热辽军区第十六军分区司令员。参与创建冀东，特别是滦河以东地区抗日根据地的斗争，是解放山海关的主要指挥者之一。1955年被授予空军少将军衔。

曾克林

红色故事

开辟滦东打硬仗

曾克林原名曾忠炳，16岁参加红军兴国县游击大队，次年10月，参加中国工农红军。在红军踏上长征之时，曾在红军大学学习的曾克林被编入隶属中央军委的干部团任职。

1936年长征到达陕北后，曾克林调任红二十八军任二五二团参谋长，抗战爆发后，他出任冀东军分区第十二团团长，后任冀东军分区参谋长，参与创建冀东，特别是滦河以东地区抗日根据地的斗争。

1942年8月18日,中共冀东地委作出《关于(滦)河东工作的决定》,要求将滦东开辟为抗日游击区。为进一步加强开辟滦东的军事力量,打击敌伪,冀东党委决定派曾克林率部出征滦东。

曾克林带领冀东十二团东渡滦河,十二军团前身是以冀东暴动队伍组织起来的八路军四纵队苏陈支队,这是冀东军分区的主要力量。1942年8月,曾克林派出第十二团第一营作为突击队,东渡滦河开辟滦东。在部队过滦东时,面对强大的敌军对滦河西的迁安、卢龙、滦县等地的疯狂扫荡,曾克林作出决定,全团分散活动抗敌,二营两个连在丰滦迁中心区,其余两个连队进至都山、平泉地区,一营渡过滦河,向东发展。

一营作为突击队,像一把刀子般,越过敌人在青龙河的封锁线,插入昌黎、抚宁、卢龙等地区,1942年8月4日,冀东十二团一营和迁青基干队伍在彭家洼设伏,歼灭日本关东军一个中队。接着又挺进抚宁,北出长城,进入青龙等地,先后进行4次较大战斗,击溃日伪军800余人的阻击,为开辟滦东创造了有利的条件。

曾克林以此为契机,进一步加快开辟滦东的速度。1942年10月,曾克林率大部队渡过滦河,从1942年到1943年间,曾克林的军队多次与日军交锋,打败的都是日军的精锐部队,振奋民心,鼓舞斗志,为开辟滦东抗日根据地、扩大抗日武装力量起到积极的作用,分别在青龙、建昌、抚宁设立交通站,打通连接华北与东北地区的交通线。根据"敌进我退,敌驻我扰,敌疲我打,敌退我追"的战术原则,曾克林率领十二团一面打仗,一面配合地方干部建党建政,我地方干部迅速在400多个村庄建立了基层政权和群众组织,建立了临抚昌和迁卢抚两个联合县办事处。1942年,迁卢抚昌成立了九个区,临抚昌也开辟了抚宁东山以西、滦河以东地区,在新开辟的地区逐步建立了农救会、工救会、妇救会、青教会、文教会、儿童团等抗日组织,滦东抗日根据地长期被日伪统治的局面初步打开。

十二团东渡滦河后,打了许多硬仗,最为出名的是1944年在抚宁曹西庄伏击日军坦克的战斗。此战击毁日军坦克两辆、卡车两辆,歼灭日军30多人。这是冀东部队首次打掉敌人坦克。战斗的胜利,使根据地人民欢欣鼓舞。十二团还得到了晋察冀军区的通令表彰。

1945年1月，随着抗日形势的发展变化，上级决定在滦东地区，以十二团为基础，扩大成立冀热辽军区十六分区，由曾克林任司令员，徐志任政委。分区下辖十二团和十八团以及卢抚昌和临抚昌两个县支队，部队活动的范围为迁安、卢龙、抚宁、临榆等四个县和口外的青龙、绥中、建昌、兴城、朝阳、凌源等地。

经过三年多的游击战争，滦东游击根据地由无到有，由小到大，开辟和建立了东至辽宁朝阳，南到昌黎渤海边，西到抚宁洋河，北到青龙、建昌，南北长达600多里的根据地。滦东的地方武装力量，从无到有，从小到大，由弱变强，曾克林领导的十二团起到了决定性的作用。

滦东是曾克林的福地，在这里他与女八路军战士程君结为伴侣。两人的婚礼就是在昌黎县十里铺西山场村办的。通过游击队队长高庆介绍，曾克林结识了焦如海一家，焦如海家成了转移至此的冀东军分区电台临时所在地，还成了曾克林夫妇的新房。

通往东北的战略要地

1945年8月8日，苏联红军出兵我国东北对日作战，8月9日，毛泽东主席发表了《对日军的最后一战》的声明，8月10日，朱德总司令代表八路军延安总部向各解放区所有武装部队发布了第一号大反攻命令，命令所有抗日武装部队"依《波茨坦宣言》规定，向其附近各城镇交通要道之敌人军队及其指挥机关送出通牒，限期投降。如遇敌伪拒绝投降缴械，即应予以坚决消灭"。

冀热辽军区司令员兼政委李运昌接到延安总部的电报后，立即安排部署，成立冀热辽军区"东北前进工作委员会"，分三路越过长城，向热河、辽宁、吉林进军。时任十六军分区司令员的曾克林负责东路，率领十二团、十八团、朝鲜支队、分区直属队约4000人，从抚宁县出发，向锦州、沈阳方向前进。十六军分区所属部队沿北宁路中段两侧，向拒绝投降之敌进行猛烈反攻。16日，临抚昌支队、卢抚昌支队、民兵、游击队以军事上的进攻和政治上的瓦解，围攻对滦东地区威胁最大的日伪军据点昌黎县城。8月24日，曾克林部队攻克卢龙县双望镇和抚宁县台头营镇、昌黎县张各庄车站，切断北宁铁路。

曾克林出师山海关

九一八事变前后，山海关成了伪满洲国的南大门，也是日军侵略华北、吞并中国的重要基地。8月15日，日本宣布无条件投降后，山海关驻扎有日军600多人，伪军1000多人，按蒋介石的命令，拒绝向我军投降。

为了迅速挺进东北，分区领导决定：避开山海关，绕道九门口，速向锦州、沈阳挺进。28日，曾克林占领了柳江和日伪盘踞的石门寨煤矿，截断了秦皇岛、山海关敌人的燃料基地通道。

这时，有一支苏联红军小分队正向山海关奔来。曾克林灵机一动："我们为何不与苏联红军一起，来杀他一个回马枪？"曾克林和唐凯找到苏联红军提出建议，不料苏军却以其任务是到东北作战，而山海关属于华北为由拒绝。曾克林说："我们到东北来的任务是配合你们作战，收复东北失地，接管东北主权。而山海关是我军通往东北的要道，还有日军的战斗部队没有缴械投降，不打败他们，怎么谈得上配合？"苏军最终答应由曾克林主攻，苏军配合。

8月30日，经过4个小时的激烈战斗，我军胜利收复山海关，为我军进驻东北打开了大门。解放山海关的胜利消息迅速报告了晋察冀军区和党中央。1945年9月6日，延安《解放日报》在第一版上用大字标题作了报道："华北军事要冲山海关及沦陷敌手12年之久之榆关镇，已于8月30日为我军光复。"

山海关被攻克后，成千上万在日伪暴政蹂躏下的人民，敲锣打鼓，鸣放鞭炮，载歌载舞，欢庆翻身解放。分区派出"前锋"剧社的宣传队员及干部战士上街进行宣传。家家户户的门前插上彩旗，表达对共产党和人民子弟兵的衷心爱戴和热烈拥护。青年们踊跃参军，许多从东北失业回关里的人，路过山海关也不走了，加入了人民军队的战斗行列。

曾克林迅速率部接管了绥中、兴城、锦西、锦州等城市，于9月5日抵达沈阳。

1945年9月15日，曾克林飞赴延安，应邀参加了中央政治局会议，向中央领导人汇报东北情况。刘少奇听完汇报后指出:"东北是战略要地,进便于攻,退便于守,可以成为我们革命的重要战略地区。我们的部队站住了脚,就可以控制东北,就能为毛主席、周恩来副主席在重庆谈判创造有利地位,我们有了东北就可以加速中国革命的进程。曾克林同志,你这个先锋官,行动快,发展迅速,值得表扬。"

正是曾克林的出关,使得中央将原定"向北防御,向南发展"的重大战略方针最终改变为"向北发展,向南防御",中央决定成立中共中央临时东北局,将原来计划派到中南、华东的部队和干部改派东北,并准备从各解放区抽调十万主力部队和两万干部到东北。东北局的成立,以及后来十万大军的挺进,让我军完成了与国民党军争夺东北关键性的一步。从而影响了整个中国的解放。

相关链接

滦东,即河北省滦河以东地区,主要包括秦皇岛境域及迁安大部。在抗日战争中,滦东地区既是日本侵略者自伪满进入冀东、华北的必经通道,又是冀东抗日武装力量向伪满发展的一个重要支点。1938年冀东抗日大暴动主力西撤后,日军恢复了对滦东的殖民统治,除有少量情报人员和抗日骨干从事秘密工作外,滦东地区没有公开的抗日活动,被日军称为"良民区",是日军由东面进攻冀东抗日游击根据地的后方基地。因此,把这块日伪军占领区开辟为游击根据地,对于坚持与发展冀东和东北敌后抗日游击战,具有重要的战略意义。

思考感悟

有人说,如果没有辽沈战役的胜利,就没有平津战役的成功,也就没有淮海战役的凯旋,以至整个中国大陆的全面解放。而在解放战争中最先打开山海关城门,率军进驻东北的第一人,就是海军航空兵原司令员曾克林将军,当年刘少奇同志称他是抢占东北的"先锋官"。

● 思考:曾克林将军成功收复山海关有哪些重要意义?

研学实践

冀东地区唯一一座全面反映冀东抗日武装先进事迹的纪念馆——冀东抗战纪念馆于2007年9月29日在河北省秦皇岛市卢龙县举行开馆仪式并正式对外开放。纪念馆征集到了冀东抗日武装及李运昌、曾克林等人不少宝贵的图片和实物资料,并第一次正式对外陈列展出。

● 践行:参观冀东抗战纪念馆,了解英雄人物及艰难的抗战过程,谈谈你的感悟。

★第二十回　收复重镇山海关（二）

人物简介

张鹤鸣（1910年—1952年7月），河北滦县人。1935年加入中国共产党，历任党支部书记、县委军事委员等职，1938年率先在滦县港北村发起抗日暴动，1945年10月至11月，张鹤鸣率万人展开英勇顽强的山海关保卫战，他任副总指挥。

张鹤鸣

红色故事

临危受命回关城

1945年8月30日，冀热辽军区第十六军分区司令员曾克林率部在苏联红军的配合下，先机夺取了被日军占领多年的山海关。9月6日，延安《解放日报》在头版刊登了山海关解放的消息，新华社向全国广播："华北军事要冲山海关及沦陷敌手12年之久之榆关镇，已于8月30日为我军光复。"9月中旬以后，中国共产党领导的大部队及中共中央领导彭真、陈云等人，经山海关迅速进入东北地区。

10月11日起，美国军舰运送蒋介石的嫡系部队国民党十三军3个师、九十四军1个师、五十二军2个师，总计约7万人在秦皇岛港登陆。10月18日，国民党组成以杜聿明为司令长官的"东北保安司令部"，策划"以武力打出关外、接管东北"。

对此，冀热辽军区司令员李运昌之前已有防备。他在9月初挺进东北路过山海关时，发现负责防守的第四十七团力量薄弱，果断决定冀热辽军区第十七军分区的第四十六团也驻守山海关，第四十六团和第四十七团合编组成第十九旅，并把已经出关的第十七军分区副司令员张鹤鸣调回，任第十九旅旅长。

张鹤鸣为河北省滦县人，1935年加入中国共产党。1938年7月6日，他率先在滦县港北村发起抗日暴动，之后，他曾任冀东抗日联军第五总队参谋长、总队长，第十三军分区司令部作战科长，第一区队区队长，冀热辽军区第十七军分区副司令员兼第十四团团长等职。

张鹤鸣在观察山海关地形之后，综合我军作战实力考虑：假如以前面阵地为第一线，山海关石河东为预备阵地是最好的策略。但我军兵力太少，只有两个团，如果这样布置不但阻止不住敌人的攻击，而且一旦第一线被突破，就会暴露我方力量薄弱的现状。北部山地石门寨、九门口在军事上都很重要，能够决定山海关的命运。我方若能守住这两个地方或向北的山地，也就能够守住山海关。关北、角山可谓山海关附近阵地的主要支撑点，敌人若攻不下角山，就无法攻占山海关。因此，张鹤鸣将我军兵力主要放在石门寨、角山与九门口一线。

10月上旬，中央军委和东北局命令李运昌从沈阳回到锦州，整编部队，准备作战，控制山海关和葫芦岛军港，同时接运部队和干部继续进入东北。

10月25日，国民党军队进到山海关附近，先用一个团的兵力，向我军做试探性进攻。随后，国民党军队依仗其优势装备和兵力，向石河、首山、角山等阵地大举进攻。张鹤鸣率领第十九旅，面对数倍于己的国民党军队，沉着应战，打退了国民党军队的数次进攻。

在战斗激烈进行过程中，李运昌又从锦州调来战斗力较强的二十二旅第六十四团增援山海关。11月3日，杨国夫师长带领山东渤海军区第七师3个团到达山海关，使我守军兵力增至1万人。杨国夫任山海关守军总指挥，张鹤鸣任副总指挥。

严防死守山海关

国民党军队急于拿下山海关，拉开架式，接连发动了角山首山激战、石河前线大战、血战二郎庙、争夺九门口等激烈战斗。我军全体指战员奋勇阻击，国民党军队始终被阻于石河西岸。

11月4日晚上，有一个老汉拿了一份杜聿明署名的通报，送到我军阵地。通报上写着："政协决议要你们撤出山海关及铁路两侧30公里以外，不然就用武力接收山海关。"杨国夫、张鹤鸣等人研究后回信："政协没有这样的决议，山海关是我们解放的，这里没有日军，也没有伪军，秩序很好，请你们不要来，否则发生任何不幸的事件，要由你们负责，要由杜聿明负责。"

第二天天未亮，国民党第十三军第八十九师即向山海关阵地开始猛攻，其第四师和第五十四师配合行动。在大炮、飞机的掩护下，接近中午时，国民党军队攻占了二郎庙阵地。午后，国民党军队故技重施，使用重炮开路，又一度攻占了北山阵地。

北山阵地丢失后，第十九旅指挥所和第四十六团守卫的阵地暴露在国民党军队的射击范围内，处于腹背受敌的危险境地。张鹤鸣果断决定由第四十六团发起冲锋，冲垮进攻一天、锐气已挫的当面之敌，从而摆脱北山之敌的威胁。

第四十六团在预备队的有力配合下，勇猛冲锋，在一小时之内就把第八十九师冲垮，杀伤敌军300多人。

11月5日的恶战过去后，山海关战场暂时平静下来，国民党军队待在石河西岸不敢前进一步。为打击敌人，巩固阵地，我军又多次发动夜袭，使国民党军队更加害怕，不敢轻易发起进攻。

11月13日，杜聿明亲临石河前线督战，并重新作了战斗部署。14日凌晨，国民党军队倾其主力全线发起攻击，并以3个团的兵力出城子峪迂回至山海关东北一侧，企图包围并全歼山海关守军。

在西线，国民党军队占领石门寨后，又向九门口攻击，遭到山东军区第七师第二十团的重创。

11月15日夜间，山海关保卫战已经持续了21天，绥中县民主政府县长华玉民、中共山海关党委书记章真园先后向张鹤鸣报告，敌人偷偷越过城子峪口，次日就可能到达我军的后边。

在全线战况十分危急的情况下，山海关守军于11月16日凌晨主动全线撤退，向绥中方向转移。

山东军区第七师第十九团的一个排留下来在角山朝阳洞阵地继续阻击敌人，以掩护大部队转移。最后，全排41名战士全部壮烈牺牲。

张鹤鸣率第四十六团在前所镇也对国民党军队进行了顽强阻击。之后，他率第十九旅按照师部的命令，安全转移到指定地点。

山海关保卫战，是中国共产党武装与国民党军队之间发生的第一次战役级别的武装交锋。我军"以一敌七"，英勇阻击22天，在武器装备远远处于劣势的情况下，以牺牲500余人的代价，迟滞了蒋介石争夺东北的战略计划，令蒋介石哀叹："进展迟缓，锐气大挫，损失太大了。"与此同时，它为党中央、中央军委"进军东北、争取东北"的战略部署赢得了宝贵时间，对中国共产党先期打开东北局面起到了重要作用。

张鹤鸣后来曾担任东北铁路护路军副司令员兼中部护路军司令员、东北铁路特别军事法庭庭长等职。1952年7月，他病逝于昌黎。

相关链接

勤俭节约的张鹤鸣

张鹤鸣艰苦奋斗一生，没有给子女留下任何物质财富。相反，为了革命他动员全家投入抗战，先后牺牲了两个弟弟、一个女儿，三弟也在战斗中负伤致残。父母、妻子、儿女因为受他参加革命的牵连，屡遭日伪军警的迫害追捕，过了十年颠沛流离、离乡背井的生活，有的因为风餐露宿以致积劳成疾，原有的家产也被他变卖购枪或充作抗日费用。他向来视金钱如粪土，早在刘佐周部当军官时，长官克扣军饷是常事，他却一文不取。暴动前夕需要枪支，他让妻子背着父亲把自家出产的花生全部卖掉用来购枪。任区队长以后，有的同志生活上有了困难，他让家里卖了地，把钱送到这个同志手里；打仗有了战利品，不论自己多么喜爱，他摸也不摸，全部由管理科登记造册，入库上交。张鹤鸣就是这样一位质朴无华、赤胆忠心的优秀党员。

思考感悟

山海关保卫战中，在全线战况十分危急的情况下，张鹤鸣率第四十六团在前所镇对国民党军队进行了顽强阻击，最终为我军"进军东北、争取东北"的战略部署赢得了宝贵时间。

● 思考：张鹤鸣身上的哪些精神值得我们学习？

研学实践

1954年，山海关人民政府为在山海关保卫战中牺牲的无名烈士冢立碑，又几经迁址，最终在欢喜岭建立山海关烈士陵园，为41名烈士在园内设立了英雄冢。2009年，经过重新整修后，陵园更名为秦皇岛烈士陵园。

● 践行：参观秦皇岛烈士陵园，深切缅怀为革命事业英勇献身的英雄人物，激发爱国热情，增强爱国情怀。

秦皇岛烈士陵园

★ 第二十一回　中美较量西河南

人物简介

郝炳南（1920年8月—1947年1月），1939年初加入中国共产党。1943年5月后，任中共临抚昌联合县委组织部部长、中共抚昌联合县工作委员会书记、中共昌黎县委书记兼县支队长。1947年1月22日，郝炳南在新集小营村，遭1000多名敌人的包围，在与敌作战中，英勇牺牲。

红色故事

青年壮志一心抗日救国

1920年8月28日，郝炳南出生于河北省保定地区高阳县殷家庄一个农民家庭。参加革命到冀东后，他先后化名为"郝沛"和"郝炳南"。郝炳南9岁上学，12岁考入高阳县南关第一高级小学。他学习刻苦，天资聪颖，成绩优异。

1937年7月7日卢沟桥事变之后，抗日战争全面爆发。17岁的郝炳南对日本侵略者肆意践踏我大好河山、凶残杀戮我无辜同胞的罪行义愤填膺。他认识到要想把日军赶出中国去就必须唤醒民众的道理。于是，他与同村青年尹哲办起了义务小学，招收了50多名学生。

在区青年抗日救国会，郝炳南担任了主任职务，从此他把全部精力都投入抗日斗争中。他执着地追求真理，渴求进步，在组织群众印发传单、张贴标语、破坏敌人交通、集会演讲等宣传共产党抗日救国主张的革命工作中，得到了很好的锻炼，成为一名真正的无产阶级战士。他在演讲中说："国难当头，民族垂危，我们青年不参战就会亡国，我们不能甘当亡国奴！"

1939年初，郝炳南光荣地加入了中国共产党，同年被调到安次县任县青救会主任。为了抗日救国，他离开了父母妻儿，舍家弃业，自参加革命工作以后，几年中没顾得上回过一次家。1942年，党派郝炳南到平山县晋察冀分局党校学习。学习结束，组织上批准他回家探望。他不顾母亲、妻子的挽留，到家后当天便匆匆告别亲人赶回了安次县。临行前，妻子阎勉抱着孩子送他到村头，望着他两眼噙满泪水不忍别离。此后他也一直没有再回家，这次相见竟成了他与亲人们的诀别。郝炳南走后不久，3岁的儿子便因病无钱治疗而夭折了。

"七救七抓"美国兵

郝炳南到昌黎后，带领干部深入村户，建立民主政权，扩大抗日根据地。抚昌联合县工委在郝炳南的带领下，组织大批干部，分头进入路南各伪大乡公所，向大乡长、保长们宣布伪大乡解散，并烧毁了贫雇农欠大乡的债据等，抓捕少数罪大恶极的伪大乡长，一夜就搞垮40多个伪大乡，组织200多个村建立抗日村政权。1944年夏，县工作委员会组织群众开展"减租减息"和"雇工增资"的斗争。

1944年8月中旬，一架美国B29型轰炸机因操纵系统失灵，坠毁在昌黎县渤海旁的一个小渔村七里庄。当地的民兵营救了7名因飞机坠毁被迫跳伞的美国飞行员。由于七里庄距日军据点只有十几里，比较危险。县工委书记郝炳南亲自带领县支队，把7名美军飞行员安全护送到北宁铁路以北地区，送至昌黎县城西北偏北14公里处的柳河圈一带山区根据地。后来，7名飞行员辗转到延安，受到党中央毛主席的亲切接待。

1945年日本无条件投降后，郝炳南集合全县民兵和县支队、区基干队2000余人，分3路向日、伪军据点进攻，仅用7天就先后收复8个据点。同年11月，国民党军队开进昌黎县城，一些地主武装也趁势向解放区反扑。他和县长周建平带领区干部深入到沿海各村开展工作，动员贫雇农组织起来，向地主、劣绅、渔霸展开清算斗争，使铁路南北群情振奋。

郝炳南救过7名美国飞行员，也曾抓获过7名美国兵，只是此时的美国已经不是盟友，而是侵略者了。1946年7月13日，驻留守营的7名美军士兵侵入解放区西河南村扰乱干部会场，并向民兵开枪射击，当场被民兵抓获。7月24日，"军调部"三人小组（美方代表、国民党代表、共产党代表）到昌黎赤崖就释放7名美军士兵一事进行谈判，这就是著名的"西河南事件"。郝炳南机智果敢，及时组织各界民众掀起声势浩大的活动，张贴标语，揭露美蒋勾结的罪恶事实，控诉美军的侵略行径。最后，取得了这场政治斗争的胜利。

带病战斗　壮烈牺牲

1946年冬，敌人发动空前规模的大"扫荡"，郝炳南得了严重肺病，经常吐血，病魔的折磨和连日的操劳，使他的身体非常虚弱。上级得知这一情况，命令他休息，他坚决不肯，毅然决然地同县支队战斗在一起。

1946年底，国民党军队侦察到昌黎支队行踪后，再次向路南解放区发动疯狂"扫荡"。12月12日，敌人调集两三千人兵分三路呈扇形向路南进攻。企图在三面包抄下，把昌黎县支队赶到东南海边包围而歼灭。

1946年12月29日，中共昌黎县委和县支队及四十八独立团的领导由小林上村转移到荒草佃村后，准备往路北转移，除县长周建平和少数干部继续向滦河南岸转移外，其他人都住在了这里。凌晨，战士们吃完早饭，收拾行装准备出发，突然一阵激烈的枪声从东、西、北三个方向传来，1000多名敌人向县支队包抄过来。由于双方力量悬殊，郝炳南决定分路突围，他亲自带领一个连，同敌人展开激战。完成掩护任务后，郝炳南率队向东南方向突围，部队遭受了严重损失。当突围出来的队伍朝尖角村方向急奔时，埋伏在新集西小营村北殷家窑的敌人纷纷开枪，他中弹后，挣扎着起来，掏出公文包里的文件焚烧起来，并命令通信员快跑，同时举起枪向敌人射出最后两颗子弹。敌人狂叫着冲过来时，郝炳南已经牺牲，年仅27岁。

同志悼念　无限追思

6年后，另一位出身高阳，与郝炳南一同参加革命的尹哲，担任中共秦皇岛市委书记。在任期间多次到郝炳南牺牲之处吊唁，每当回忆起老战友时都唏嘘不已。之后，尹哲任河北省委书记，在省政协主席任上离休后，在回忆录中又多次提及郝炳南，足见情谊。

刘杰三抗战时期任昌黎县政府财政科通讯员，乡青救会主任，是郝炳南的老下属。1983年，从衡水军分区副司令任上离职休养。他回忆老领导说："郝炳南虽然年纪不大，但政治成熟，作战勇敢，我们都很佩服他，本地干部也因此对延安都十分向往，对党中央派来的人都非常崇敬。"

> 同志相顾间，炳南足称贤。
>
> 盛名传渤海，声誉播幽燕。
>
> 审计呕心血，主政见威严。
>
> 哀哉突围日，一别永不见。

这是昌黎县民主政权第一任县长周建平为悼念自己的亲密战友郝炳南所作的诗《哭郝炳南政委》。

相关链接

西河南事件

1946年7月15日北平《世界日报》报道了西河南事件。《毛泽东选集》第四卷《别了司徒雷登》一文提及"美国的海陆空军已经在中国参加了战争……北平、天津、唐山、秦皇岛、青岛、上海、南京都驻过美国的军队……美国的军队或军事人员曾经和人民解放军接触过，被人民解放军俘虏过多次"，并在注释注明"同年7月间，（美军）在唐山附近的滦县三河庄子、昌黎县西河南村的侵扰"。这就是名震一时的"西河南事件"。当时，天津《大

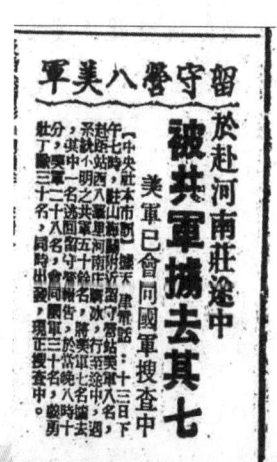

1946年7月15日，北平《世界日报》报道西河南事件

公报》、中共中央机关报《解放日报》和国民党中央机关报《中央日报》对该事件都作了持续报道。

思考感悟

郝柄南曾救过7名美国飞行员，那时美国是我们的盟友，但后来美国成为侵略者，他又擒获7名美国飞行员，他机智果敢，及时组织各界民众掀起声势浩大的活动，揭露美蒋勾结的罪恶事实，控诉美军的侵略行径，取得了这场政治斗争的胜利。

● 思考：从中你体会到了什么呢？

研学实践

西河南事件进一步鼓舞了解放区党政军民团结一致、不怕任何困难的高昂斗志。对事件的处理，体现了中国共产党在历史博弈中处理具体问题的灵活性，具有战略和战术上的双重意义。如今，这一地区也因此事件而扬名，成为我国抗击强敌、捍卫国家主权的爱国主义教育基地。

● 践行：任何事物都处在不断变化发展过程中，对阵双方只有根据战场实际情况，随变化而变化才能取得胜利。说一说我们在学习和生活中应该如何根据客观条件灵活应变，从而作出正确的应对。

★第二十二回　北宁线上的破击战

历史背景

1947年11月，东北战局发生重大变化，国民党军队在遭到民主联军秋季攻势的沉重打击后，采取了"固点，联线，扩面"的战略方针，重新调整部署，重点守备长春、吉林、四平、沈阳、锦州等大中城市和北宁线锦沈段及其两侧地区，企图一面保持东北与关内的联系，一面打通沈阳至长春、吉林的铁路线。在这种新的敌情态势下，东北民主联军总部决定，自12月15日起，发动大规模的冬季攻势，不给国民党军喘息之机。

红色故事

紧密部署，粉碎敌军增援东北的企图

为保障冬季攻势的顺利进行，东北民主联军总部于1947年11月底下达紧急命令：冀东军区负责切断华北通往东北的道路，阻止华北国民党军通过冀东进入东北地区。接到指令后，冀东区委和冀东军区党委马上开会研究行动方案，通过认真分析，一致认为：要阻止敌军从华北向东北的增援，在展开多路阻击的同时，最为关键的动作是，必须全力破击并迅速切断北宁铁路线。

北宁线西自北平东至沈阳，沿线有天津、唐山、昌黎、秦皇岛、山海关、锦州等重要城镇，是连贯华北与东北的交通命脉。国民党军依靠北宁铁路线，不仅

可以使华北与东北两大战区在兵力、物资方面相互支援，又可从秦皇岛、葫芦岛等港口得到海上援助，便于实施海陆机动。蒋介石把"确保北宁线"作为其战略计划的重要组成部分，如果切断北宁线，就等于切断了国民党军通往东北的"输血管"。

为此，冀东区委决定，动员全区军民，从1947年12月10日起，向国民党重兵把守的北宁线展开破击战。破击战分东西两线同时行动，东线为滦县到山海关段，西线为唐山到芦台段。参加东线破交任务的，有独立第四师、热南独立团和第十二、十三军分区的警备团，还有大批县、区地方武装和民兵，由彭寿生担任破交指挥部总指挥。同时，卢龙、昌黎、抚宁三县出动一万余名农民，组成了群众破交队。

军民同心，打响北宁线上的破击战

鉴于铁路沿线敌人防守相当严密，除各站段、各据点有重兵把守外，在铁路两侧还有许多水泥碉堡护路，每个碉堡驻有一个班的兵力，配备1挺轻机枪和4支卡宾枪。指挥部决定首先集中兵力看住据点，围攻碉堡，保证破交活动的进行。在重点破击路段上，参战部队选择了石门至南大寺之间，这里地处北宁线的咽喉地段，离天津、唐山较远，敌人不易前来增援。另外，昌黎一带地形对掩护破交有利，且有较好的群众基础。

准备工作就绪后，指挥部派出一部分兵力潜伏于昌黎县城和北戴河两大据点的外围地带，监视敌军动态，若其一旦出动，即行有力阻击；而其他兵力则开始围攻石门、安山、后封台、张家庄、留守营等火车站及其两侧的护路碉堡，在预定时间打响了北宁线上的破击战。

为减少伤亡，提高效率，破交活动被指挥部安排在晚间进行。隆冬季节，天气寒冷，加上连降两场大雪，气温骤降。每晚的破击战开始后，我军指战员趴在雪地上或简易工事里，向碉堡里的敌人发起火力攻击，吸引和控制敌军的疯狂射击。在我军火力的掩护下，参加破交的军民们快速行动，奋勇争先。几里长的铁路线上人头攒动、万众一心，形成强大合力。战士、民兵和群众扒下铁轨，抛入铁路两旁的封锁沟,然后再用土埋得严严实实,以防敌人再用。这些封锁沟深一丈、宽八尺,原来是敌人强迫老百姓挖掘保护铁路的,时下却变成了掩埋铁轨的好地方。大家还拉出铁轨枕木,堆在铁道旁,用棉花浸上煤油点燃。沿铁路几十里每隔一段就会升起一堆大火,一堆接一堆,一眼望不到边,把附近的村庄和树木映得红通通。砸道钉、撬铁轨、搬枕木、炸路基、锯线杆、扯电线,人来人往,各种声音交织在一起,几里地以外都听得清清楚楚。由于军民同心,破交进度很快,仅用一周时间,就完成了80多里长的破交任务,同时还攻下了石门、安山等车站,毙伤和俘虏敌军200多人。

  初战获胜,鼓舞了我方军民,也震惊了敌人。敌军急忙调集大批兵力,运来修路设备和物资,一面向我军反扑,一面抢修铁路。于是,敌我之间,在北宁铁路线展开了一场激烈的拉锯战。我方夜间破交、敌军白天修复,这种胶着状态持续一段时间后,破交指挥部和参战军民感到最关键的问题是要把扒下来的8米多长铁轨炸断运走,不给敌人留下铁轨用来修复。为此,冀东军区向东北军区(1948年元旦,东北联军总部改称东北军区)作了汇报,并说明需要1500斤炸药。7天后,东北军区便把3000斤炸药调运到位,并指示破交部队"必须保证切断北宁路,不让华北一个敌人进入东北"。上级的指令和充足的炸药,极大地鼓舞了参战军民的破交热情。当天晚上,一场新的战斗开始了。担负炸轨任务的战士们为了不暴露目标,巧妙地改变了用火柴点燃导火索的老办法,而是先将栗子火绳点燃后装在竹筒里,揣在袄袖中,然后跳上铁道,埋好炸药,用栗子火绳点燃导火索引爆,既快捷又方便。这一夜,战士们如虎添翼,个个争先恐后,连创快速炸轨的新纪录。一时间,100多里长的铁路上爆炸声此起彼伏,接连不断。就这样,军民们只用了几天时间,就把石门至南大寺这段路的铁轨,全部炸断运走了。

  北宁线被我军切断后,沿线两侧的护路碉堡与各据点之间失去了联系,成为孤立之敌。破交指挥部随即抓住战机,命令部队向沿线各碉堡、据点展开攻击。在具体打法上,战士们采取了"瓮中捉鳖"的战术,即每个碉堡用一个班的兵力负责看守,在距敌不远处筑起冰雪工事,以逸待劳。敌人打枪,战士们隐蔽休息；敌人睡了，战士们就打几枪，直到敌人弹尽粮绝、出堡投降为止。几天后，碉堡里的敌人全部走出来举手投降。

诱敌深入，破击战取得重大胜利

在北宁铁路被全面破坏的情况下，国民党军企图步行出关。冀东军区当即决定：以两个主力团配合地方部队、民兵和群众在昌黎以西继续开展破击战，另以6个主力团，阻止企图步行东进的约3个师的国民党军队。由于敌军人数居多，不利于阵地阻击，我军采取了诱敌深入、在运动中歼敌的打法。1948年1月17日，阻击部队经周密部署，把国民党军队引到抚宁县留守营以北地区，经一昼夜激战，歼灭其7个整连，迫使企图出关增援东北的国民党军退回唐山。

经过一个多月的英勇战斗，参战军民先后攻克、摧毁国民党军队的据点、碉堡29处，北宁线被切断为数十截，火车停运40多天，圆满完成了破交任务。这场破击战取得的重大胜利，粉碎了华北国民党军增援东北的企图，有力地配合了东北战场的冬季攻势，受到东北军区的通电表扬。

相关链接
三次解放昌黎的历史意义

冀东是华北通往东北的咽喉，军事地位非常重要。昌黎属于北宁线上的重要据点，因此具有非比寻常的战略地位。昌黎作为滦东战役的主战场、北宁铁路线上的重要枢纽，在冀东解放区的反攻作战中承担了不可替代的历史使命。"三攻三退"的灵活战略，最大程度上消灭了敌人的有生力量；"三战三捷"的战斗成果，极大地鼓舞了冀东解放区军民的信心。围绕北宁铁路沿线的一系列的破交战，成功粉碎了敌人"东北华北联防"的企图。昌黎虽为"弹丸"之小城，但在冀东解放战争乃至东北解放战争中起到了"牵一发而动全身"的关键性作用。这座饱受战争摧残的沧桑古城，在解放战争中完成了党和人民交给的历史任务，最终也迎来了光明与和平。

思考感悟

● 思考：在北宁线上的破击战中，你觉得哪些因素对于取得战争的胜利至关重要？请结合具体事例简要说明。

研学实践

在北宁线上的破击战中，党领导军民团结一致，在铁路沿线与敌军展开了艰苦卓绝的斗争并取得了最终的胜利。如今，随着科技的不断发展，铁路现代化已成为国家发展的重点之一。在这个过程中，青少年扮演着重要的角色。你们不仅是未来的建设者和接班人，也是铁路现代化进程中的重要参与者和推动者。请你走进家乡火车站切身体会铁路发展史、城市变迁史，为今后的学习奠定基础。

● 践行：在铁路现代化进程中，青少年应该如何做呢？

★第二十三回　爆破英雄邵洪生

人物简介

邵洪生（1913年—1947年），卢龙县下寨乡邵黑石村人。1942年秋，八路军在滦东地区开辟抗日根据地，邵洪生参加了民兵。1947年，邵洪生参加中国人民解放军。他所在的部队奉命攻打夏垫镇，在爆破过程中，他不幸左腹部受重伤，在送往医院的途中壮烈牺牲。冀东军区党委追认他为中共正式党员，授予毛泽东奖章和"爆破英雄"称号。

邵洪生

红色故事

夏垫攻坚战

邵洪生1913年出生于河北省卢龙县邵黑石村。抗战时期，他参加了民兵组织。解放战争时期，他参加了"民兵河防游击队"。

1947年冬，卢龙县内掀起参军高潮，当时邵洪生正参加"卢龙县远征担架团"，任务完成后回村，新兵已经出发。他连续跑了一天一夜，直到迁西终于赶上部队，被编入冀东独立四师十团一营二连一排二班。

1948年，解放战争进入决定性的一年。东北民主联军为了发动"春季攻势"，要冀东部队牵制关内和热河敌人。冀东军区组织了十四、十五两个军分区部队的

第二十三回 爆破英雄邵洪生

直属四、五两个独立师，共8个团，从3月16日开始，到4月12日结束，展开了一次"西线破击战役"。

战役捣毁北平到承德的平（北平）古（古北口）铁路之后，把攻击的矛头指向北平近郊。4月2日，在通（通县）三（三河）公路上，发动了"夏垫攻坚战"。

当时夏垫镇驻有敌河北保安十三团，14个伪大乡的自卫队也逃至这里。敌人构筑了坚固的工事，明碉暗堡遍布全镇，号称"铜帮铁底京东第一垒"。

冀东军区把强攻夏垫的任务交给了独立第四师，邵洪生所在的第十团受命担任主攻任务。

战斗从4月2日夜间零时打响，只一个小时，就突破了西门。战斗向纵深猛烈发展，很快就突入城里，逐碉逐堡争夺。打到3日上午8时，大部分碉堡被我军摧垮，残敌逃到东北角一个中心大碉堡，顽抗待援，战斗呈胶着状态。

这是全城最大的碉堡，高达7层。逃到这里的残敌有300多人，仅轻机枪就有7挺，还有一门迫击炮和5门小炮，火力很强。在这个碉堡前面的10米外，有一座地堡，像只拦路虎，挡住去路。要拿下这个大碉堡，打掉它前面这座地堡是关键。但这座地堡周围10米内都是平坦开阔地，无法隐蔽接近敌人。我军想用炸药摧毁这座地堡，陆续上去两个同志，都先后牺牲。

此时从北平方向的白庙桥头，传来援敌和我警戒部队接火交战的枪炮声。僵持不下，又面临敌人增援，是打还是撤？师长李道之、政委王晓生、政治部主任侯全智亲自来到硝烟弥漫的夏垫，在火线上召集第十团连以上干部紧急会议，说明打下夏垫牵制华北敌人不敢去增援东北的意义，并决定由第十团第一营第二连担任突击队。

"爆破英雄"舍命炸碉堡

指挥和爆破的出击地点，在一个南北向大院的北院，它的对面是大碉堡，相距有百十米，出击的路上全是平坦的开阔地。要是在黑夜出击，还可以利用夜幕的掩护，可现在是大白天，牺牲的可能性很大。派谁去？连长乔炳喜和指导员董文华决定采取主动报名的方法，组成两个爆破组。

邵洪生第一个报了名，紧接着，周连科、王久珍等5人也报了名。组成的两个爆破组是：邵洪生、周连科为第一组；王久珍、杨德全、郑久峰为第二组。第一组如果爆破失败，第二组接着上；如果爆破成功，第二组即爆破中心大碉堡。

"哒……哒……"掩护爆破的机枪响了，一时间犹似风吼雷鸣，子弹雨点似的泼向大碉堡和地堡，打得砖石碎片横飞，大小碉堡成了哑巴。

邵洪生和周连科越过掩体，匍匐跳跃前进。周连科把炸药包贴近地堡侧壁返回时，敌人发现了他们，机枪疯狂地交叉射击，封锁他们的去路。邵洪生一个滚爬，眼看就要靠近地堡，突然左腹中弹。他咬紧牙关，忍着剧痛，又迅速接近地堡。利用两个机枪眼的死角，邵洪生将炸药包推向地堡顶部。此时导火索又被血液糊住，在这紧急关头，邵洪生以惊人的毅力，强忍着剧痛，用一只手在地堡上将导火索搓干，终于点燃了导火索，然后他使尽全身力气，顺地堡滑下，离开险区。

"轰隆"一声巨响，地堡开了花。大部队奋勇冲上去，很快消灭了残敌。失去知觉的邵洪生被战友们抬下来，苏醒后他用微弱的声音一字一顿、断断续续地对指导员董文华说："我……完成……了……任……务。"在送往医院的途中，这位爆破英雄因失血过多心脏停止了跳动。

英雄事迹被谱成歌曲

冀东军区党委在《追认邵洪生同志为中共正式党员的决定》中说："他……顽强地用手按住伤口……对解决敌人最后一个碉堡的300多人，起了决定作用。"冀东军区政治部为他评定大功三次，并授予"毛泽东奖章"。1948年8月6日，《冀东子弟兵》第一版刊登表彰决定，并发表社论，号召全军学习邵洪生。

"他的故事传诵在白河岸，他的歌儿唱遍了全冀东，敌人集中了轻重火器，死守着炮楼和地堡。肠子流出他用手按住，坚持着还把地堡炸塌，他牺牲以前见了指导员，高呼着高呼把任务完成……"军区文工团还为邵洪生创作了歌曲《歌唱邵洪生》。

1948年11月，部队将邵洪生灵柩护送回家乡，中共卢龙县委、县政府在邵黑石村隆重举行公祭追悼大会。冀东军区司令部、政治部赠送了由军区党委书记兼军区政委吴德题词的"爆破英雄"光荣匾，匾额如今存放在位于唐山市的冀东烈士陵园。

相关链接

邵洪生烈士墓

邵洪生烈士墓位于卢龙县下寨乡邵黑石村村南0.5公里处，该墓建于1985年，占地面积约40平方米，由青石砌成。墓前竖立着一块高2米的花岗石墓碑，墓后是一片绿树成荫的山林，环境幽雅。2008年4月修建的纪念碑矗立在一片开阔的山坡地上，几棵常青的松柏映衬着相片中烈士永远年轻、充满英气的面容。

邵洪生烈士墓

思考感悟

邵洪生烈士是一位为国家和人民作出杰出贡献的英雄人物，他的精神光照日月，浩气长存，激励着后人披荆斩棘，阔步前进。

● 思考：请你谈谈对邵洪生事迹和精神的理解。

研学实践

邵洪生烈士墓是一处重要的红色革命遗址，也是研学旅行的好去处。卢龙县下寨乡政府曾经开展过"走近革命先烈，传承红色基因"主题研学活动，让学生们深入了解邵洪生烈士的事迹和精神，激发爱国爱乡之情。此外，邵洪生烈士墓还是一个爱国主义教育基地，每年都会吸引大量学生前来参观学习，缅怀革命先烈，铭记他们的丰功伟绩。

● 践行：参观邵洪生烈士墓，请你谈谈我们应该如何从他的精神中汲取力量来面对生活中的挑战。

★第二十四回　解放秦皇岛

历史背景

1945年8月，抗日战争取得胜利，但盘踞秦皇岛域内县城的日伪军拒不投降。1946年6月，国民党发动全面内战，人民解放战争开始。为推翻帝国主义、封建主义、官僚资本主义的反动统治，中国人民解放军在中国共产党的领导下进行斗争，随着战争形势的变化，解放秦皇岛刻不容缓。

红色故事

秦皇岛的解放是一个艰难的过程，如果按照时间顺序去排列，从青龙开始，昌黎、卢龙、抚宁、北戴河、临榆重镇山海关相继解放，国统区的据点被一一清除，秦皇岛一步步迎来了解放的曙光。

解放青龙满族自治县

抗战胜利后，青龙全境被我军收复，光荣地成为冀东解放区的一部分。1945年日本无条件投降后，在我军和苏联红军南北夹击热河的强大军事压力下，青龙境内的伪讨伐队副司令张金祥愿意投诚，参加八路军。通过谈判，达成和平解决协议，并于8月25日，召开了接收、改编大会，大会上宣布张金祥讨伐大队改编为冀热辽军区八路军第三纵队。同时组建了青龙县临时行政委员会，和平接收了伪军队和伪政权，青龙从此宣告解放。

解放昌黎县

昌黎历经了3次浮沉才终得解放。

在1947年5月的滦东战役中,我军曾首次解放昌黎,但因战争形势变化,此后又战略性撤离。

1948年5—6月间,东北野战军第十一纵队受命进军冀东,与华北野战军第十一旅和冀热辽军区炮兵旅协同作战,集中主力攻打昌黎守敌,6月24日向昌黎外围发起攻击,25日开始攻城。在一场场激烈的战争后,终于再次攻克昌黎县城,史称第二次解放昌黎。6月26日,为战略考虑,我军主动撤出昌黎,昌黎又被国民党占领。

1948年9月13日,为配合辽沈战役,东北野战军第十一纵队和冀热辽军区骑兵师,向滦县至昌黎一带国民党军队各据点发起攻击。驻守昌黎的国民党河北省保安第二十一团等部慑于解放军的威势,于14日黄昏弃城西逃。第十一纵队追歼敌军,激战至15日上午9时,第三次解放昌黎。我军攻克昌黎县城后,国民党第六十二军即以两个师的兵力向昌黎反扑,企图夺回县城。我军与国民党军激战,连续打退其四次反攻。随着敌军的撤走,历经三次争夺,至此,昌黎彻底解放。

1948年9月16日,上海《申报》登载我军解放昌黎的报道

解放卢龙县

卢龙县城的解放也同样历经艰难。1945年8月日本投降后,占据卢龙的日伪军拒不向我军缴械。卢抚昌联合县委为此召开会议,决定成立收复委员会并用武力收复。8月16日至20日,围攻蛤泊、双望、台头营据点的战斗以胜利结束。22日,扫清外围的各路民兵冒雨集结,以麻雀战的形式四处出击,令敌军大部投降。26日晨,卢龙县城解放。但1946年9月,国民党集结13万重兵进攻冀东。

11月12日，卢龙县城得而复失，被国民党九十二军侵占。

重入狼群，卢龙古城在哭泣，然而英勇的人民解放军，始终没有放弃这座历史上著名的军事重镇。1947年7月21日，冀东军区部队再度重挫国民党军队，收复卢龙县城。随后，华北和东北野战军部队在县支队的配合下，分别于1948年5月、9月攻克石梯子、石门等据点时，对卢龙残敌进行了清剿，取得决定性胜利。1948年11月24日，卢龙县全境宣告解放。

解放抚宁县

抚宁境内，也是一番惊天动地的厮杀。抗战胜利后，盘踞县城的日伪军拒不投降。1945年10月18日，冀东军区十九旅四十七团第一营和团机炮连，到达抚宁城附近，同抚宁县支队一起，作好了攻城准备。

这是一场很艰苦的战斗，难度超出了人们的想象。战斗打响后，我军攻城部队接连4天攻城未果。此时，起到关键作用的，是延安赴东北的干部工作队，他们及时参战，重新调整了攻城方案，终于在10月26日一举攻克抚宁城。11月15日，国民党军调集重兵侵占了抚宁城。抚宁又入敌人之手，我军则奋力抢夺。1947年5月19日，冀东军区集中兵力进攻抚宁城，强攻之下，城内敌军不战而退，龟缩到北戴河、卢王庄等据点，我军再次解放抚宁城。1948年11月22日，随着东北野战军的大举入关，敌军望风而逃，两天以后的11月24日，我军再下抚宁城，抚宁全境解放。

秦皇岛地区全境解放

北戴河、临榆的解放随之而来。1948年9月中旬，第十一纵队解放昌黎后，乘势东进。17日晨，第三十一师向北戴河发起进攻，战至上午8时，歼火故军共600余人，并占领北戴河车站；第三十二师长驱直入，攻克北戴河东北制高点烟筒山据点，歼灭敌军100余人。10月2日，第三十二师对石门寨及其周围据点发起攻击，迅速获胜，全歼敌军1500余人，并占领长城煤矿。之后，第十一纵队出九门口奔赴东北战场。11月22日，东北野战军结束辽沈战役后，在西进平津的途中，扫清了临榆、北戴河敌军的其他据点，使秦皇岛、山海关成为两座孤城。

守敌急忙从天津、塘沽征调 20 余艘轮船作撤退准备，11 月 26 日，我党我军正式接管北戴河辖区，当日下午，最后一批国民党军乘"长治号"驱逐舰离港。至 1948 年 11 月 27 日，经过一系列的苦战、恶战，秦皇岛全境获得解放。

秦榆工委的建立

1948 年 4 月，冀东区党委专门召开了城市工作会议，决

《人民日报》刊登秦皇岛解放的消息

定除唐山、承德已有党的工作委员会外，在北平、天津、秦皇岛分别建立三个工作委员会，进一步加强城市工作。明确城市工作的中心任务是搜集国民党守军的动向，配合我军反攻作战；发动群众保护工厂矿山，保护城市不遭敌人破坏，作好接管城市的准备。当年 5 月，中国共产党冀东区秦榆工作委员会正式成立，这就是秦皇岛市委的前身。

当时秦榆市委书记是王明德，委员会成员有程力群、鲁延、王哲民等。工委驻地在抚宁县北寨村，下设临榆、秦皇岛两个工作组。工委成立之初的主要任务是：保护城市，了解市内动态，迎接解放。因为当时秦皇岛全境尚未全部解放，所以这一任务，是配合解放而来。

当时选派工作人员到山海关、秦皇岛两个城市，分别交给他们一定的任务，以各种身份为掩护，瓦解敌军，了解敌人的兵力布防和武器配备情况，熟悉地形、绘制城内和城郊的地图，为接管城市作好准备。同时也让他们分别在工人、市民和敌方上层人物中做思想工作，以便在接收城市时得到各方面的协助。

1948 年 11 月初，秦榆工委干部参加了冀东区党委组织的集中培训，研究有关资料，制定入城守则，做好各项入城的前期准备工作。

1948年11月27日，秦皇岛解放后，100多名秦榆工委的工作人员同2000多名解放军指战员一起，分别进入山海关、秦皇岛接管城市，受到人民群众的热烈欢迎，顺利完成了城市接收任务。

相关链接

秦皇岛市的由来

历史已经进入了新的时期，中共冀东区委、区行政公署决定，将山海关与秦皇岛合并组建秦榆市。1948年12月1日，冀东区委任命了秦榆市委领导班子成员。1949年3月，冀东区调整区域规划，秦榆市改称秦皇岛市，秦榆市委改称秦皇岛市委。

秦皇岛市委的建立，是中国共产党秦皇岛地方历史上一个新的里程碑。从秦榆工委过渡到秦榆市委，再到秦榆市委的改称，取而代之的秦皇岛市委应运而生，从此成为全市人民的领导核心。秦皇岛也正式以市级单位的名义走向历史舞台。

思考感悟

由于帝国主义的长期侵略和掠夺、长年战争及国民党反动政府的盘剥压榨与逃离时的破坏，解放初期的秦皇岛，市场萧条，商业萎缩，原材料缺乏，工业生产停顿，失业工人骤增，人民生活十分困顿，新生的人民政权面临着严峻考验。为了尽快摆脱这种困难局面，稳定社会，保障民生，秦皇岛市委、市政府采取有力措施恢复生产，发展经济，如接管大型国有企业，解决开滦及港口危机，扶持中小型工商业，恢复生产，等等。

● 思考：这些措施对于秦皇岛市的发展有何重要意义？

研学实践

秦皇岛博物馆展品丰富，展品中既有博物馆的馆藏珍品，也有兄弟城市支持的文物精品，从先秦时期的青铜器到两汉时期的陶器，从唐宋元明时期的瓷器到明清时期的长城构件，这些展品串联起秦皇岛地区的历史。秦皇岛博物馆成为一部记录与展现秦皇岛地区发展的"百科全书",不仅是这座城市的文化地标,更是秦皇岛人民的精神家园。

秦皇岛博物馆

● 践行:参观秦皇岛博物馆,收集有关秦皇岛的历史、建筑、人物、故事等,化身"说书小先生",讲好秦皇岛故事,传承秦皇岛精神。

★第二十五回　能文能武李延年

人物简介

李延年（1928年11月—）河北昌黎人，中共党员，1945年10月入伍，原54251部队副政治委员。参加过解放战争、湘西剿匪、抗美援朝战争、边境防卫作战等大小战斗20多次，荣立特等功1次，三等功等若干次。

李延年

红色故事

在祖国的边陲古城南宁，有一位昌黎籍的低调的战斗英雄，他就是"共和国勋章"获得者李延年。在2019年中华人民共和国国家勋章和国家荣誉称号颁授仪式上，李延年的颁奖词是这样说的："志愿军一级英雄，特等功臣，历经战火洗礼、舍生忘死、英勇杀敌，为建立、保卫新中国作出巨大贡献。"

积极参军，一腔热血作战勇

1945年8月15日，日本宣布无条件投降。这一年，17岁的李延年加入了中国共产党领导下的东北吉黑纵队，成为一名光荣的战士。

1946年4月，李延年跟随部队参加了解放长春的战斗。因为作战英勇，他屡受嘉奖，并于次年加入了中国共产党。1947年11月，李延年被组织推荐，进入东北军政大学学习。

经过扎实的政治理论和军事技术学习,毕业后,李延年又参加了辽沈战役。在黑山阻击战最关键的时候,李延年和战友们曾连夜急行军100多里,双腿跑赢了敌人的汽车,赶在天亮之前到达预定地点修筑工事。面对敌人五倍于我军的主力部队,他们在阵地坚守三天,让敌人未获寸进,为我军实施包围,争取了时间。第四野战军在东北三年的作战总结中对这场阻击战给予了高度评价。

辽沈战役结束后,李延年又参加了平津战役。每战争先的他,凭借出色的表现,多次立功受奖,从一名战士逐渐升为班长、副排长、排长、区队长。1950年8月,李延年在湘西剿匪期间被提拔担任连队指导员,并率领连队以微小代价消灭土匪200余人。

英雄无悔,戎马一生保家国

新中国成立之后,国际局势依然风云变幻,尤其是随着美军入侵朝鲜,战争直接波及了我国边境,在综合考虑各方得失以后,毛主席决定"跨过鸭绿江,抗美援朝"!

抗美援朝开始后,李延年所在部队被编入中国人民志愿军入朝作战。1951年10月8日,身为志愿军第四十七军一四〇师四一八团三营七连指导员的李延年,所在营奉命对失守的346高地实施反击,李延年带领连队负责从左路攻击,率先夺下1个山头。9日天亮,三营攻占346高地主峰在内的5个山头,七连同另外3个连队会合。李延年立即组织官兵作好随时迎接敌人反冲锋的准备。

在美军的反攻中,面对轮番强攻和远程炮火轰炸支援,三营官兵伤亡惨重。战斗到9日下午,在顶住敌人的反扑后,七连只能编成4个班了,其他3个连情况更差,于是李延年主动召集4个连的干部开会,整顿部队,宣传胜利,追悼烈士,并带领大家进行阵地宣誓。在惨烈的战斗中,李延年善于做官兵的思想工作,针对部队伤亡严重的情况,先后5次整顿部队,在营连干部牺牲较大的情况下,协调组织4个连作战,以自己的模范行动和有力的鼓舞口号,在战斗顺利的情况下鼓舞部队勇猛向前,在紧急情况下,压住阵脚,转危为安,部队保持了高昂的战斗热情。在他的指挥下部队连续攻占敌阵地，打退敌人数次反扑，毙伤美军 600 余人，使其无力继续推进，以自身的牺牲维持了四十七军战线的稳定，为我军展开的反攻奠定了基础。

战后，李延年被志愿军总部记特等功 1 次、授予"一级英雄"荣誉称号。李延年从朝鲜战场凯旋回国后，又在部队兢兢业业奉献了 29 年。1979 年 2 月，广西军区某师奉命参加边境防卫作战，作为该师政治部副主任，他多次深入前沿阵地，积极做好部队的思想工作，激发官兵保家卫国战斗热情，二次荣立三等功，为祖国国防安全稳定作出了重要贡献。

退休生活，坚守初心散余热

离休后，李延年始终保持一名老英雄、老党员的革命本色，坚持读书、看报、听广播，自觉学习党的创新理论，关心时事政治，坚决拥护和自觉贯彻执行党的路线方针政策，始终保持了政治立场上的坚定和思想道德上的纯洁。他积极发挥自身余热，致力于关心下一代成长的教育活动，把自己获得的各类证章全部捐献给了中国人民革命军事博物馆、丹东抗美援朝纪念馆和广西军区军史馆，经常为青少年讲述战斗故事、传承战斗精神，积极宣传爱国主义思想，在青少年中弘扬革命优良传统。

2020 年，家乡的工作人员赴南宁探望老人，90 多岁的李延年乡音不改，告诉大家："那年从会君坨（昌黎）出来参军还是少年，如今已经 92 岁了，但我身体强健，初心不改，始终保持斗志，一定要将那些牺牲的战友的精神传承下去。"

相关链接

电视剧《功勋》中，李延年这个角色出现在《能文能武李延年》单元，共六集。

《能文能武李延年》讲述了战斗英雄李延年在朝鲜战场上的英勇事迹。李延年出生于河北昌黎，他曾参与过包括解放战役、抗美援朝在内的多场战役，并屡获战功。剧中李延年由演员王雷饰演。王雷将李延年在战场上的有勇有谋饰演得淋漓尽致，他的眼神里充满了坚毅，真实且强大的表现力令观众动容。

本剧讲述李延年的故事，突出了"能文能武"四个字。其中"文"体现在李延年对战士们思想上的扭转以及士气的振奋。面对逃兵小安东，李延年没有罚，只是告诉大家谁都想回家和家人待在一起，但是只要战争没胜利，就没有永远的安定幸福。只有扛起枪保家卫国，才能保护身后的亲人和千千万万个家庭。一番话，不仅令小安东坚定了战斗的信念，同时令所有人大受鼓舞。

李延年能"武"的方面自然体现在李延年行军打仗的能力上。李延年是一个英勇无比却又胆大心细的人。他既有带领战友们与敌人面对面交手的勇气，同时又能制定铲除汉奸的策略；面对连天密集的炮弹，李延年有冲出去的勇猛，同时也有研究敌方发射炮弹规律的智慧。李延年凭借自己的战略分析，为战争的胜利打下了坚实的基础。

《功勋》中李延年单元海报

思考感悟

一个有希望的民族不能没有英雄，一个有前途的国家不能没有先锋。通过了解李延年的英雄事迹，我们知道了一个强大的国家背后是为之默默付出的英雄。

● 思考：作为一名新时代的青少年，李延年的事迹给了你哪些启示？

研学实践

观看《功勋》，进一步走近英雄李延年，了解他的生平事迹，感悟他的精神品质，进而勇于争先，不负先辈们的流血牺牲。

● 践行：谈一谈李延年的哪些品质给你留下了深刻印象，在学习和生活中你将怎样践行李延年精神。

★第二十六回　市委书记上战场

人物简介

李雪瑞（1914年5月20日—1951年7月18日），湖南省茶陵县人。16岁参加儿童团，1932年加入中国共产党。1935年11月，随红二方面军进行长征，1945年2月，李雪瑞调往冀热辽军区，任第十七军分区司令员。1947年率部开展滦东战役，解放昌黎，1948年解放秦皇岛。秦（皇岛）榆（关）市建立，任市委常委；秦榆市警备司令部建立，兼任司令员。1951年入朝参战，遭美机袭击中弹牺牲。

李雪瑞

红色故事

李雪瑞出生于湖南省茶陵县火田乡齐心村的贫苦农民家庭，因为穷，幼时就给别人放牛，12岁做长工。1930年，土地革命风暴波及茶陵城乡，16岁的李雪瑞要求参军，并加入中国共产党。1933年，李雪瑞在红十七师五十团一营一连任班长，后升排长。不久，组织上送他到红六军团政治部党训班学习。在这里，他接触了许多新事物，懂得了一些新道理，进步很快。结业后，李雪瑞回到连队，在几次战斗中立了功，很快提升为一连副连长。1935年11月，红二方面军离开湘鄂川黔根据地。李雪瑞随部队进行长征，于次年10月到达陕北。

亲临火线，粉碎敌军数次扫荡

七七事变后，李雪瑞随八路军三五九旅东渡黄河，挺进华北敌后，开展地方工作。1945年2月，李雪瑞调往冀热辽军区，任第十七军分区司令员。任职后不久，日伪军出动数万人对分区进行残酷"扫荡"。为了粉碎敌人的进攻，李雪瑞沉着冷静，组织"反扫荡"战役。这一年2月至4月，分区机关直属第十四团在李雪瑞直接指挥下，打了几个漂亮仗，消灭日伪军770余名，有力打击了敌人的进攻。

1945年4月18日，敌人集中1.5万余兵力，对路南地区进行疯狂"扫荡"，李雪瑞和分区领导亲临火线指挥战斗。李雪瑞骑着大白马，率部冲入敌群，展开肉搏。他在腿上五处挂花的情况下，仍然浴血奋战，打退了日军数次进攻。此战歼敌500余人，缴获马匹300余匹，沉重地打击了敌人的嚣张气焰，巩固了冀东路南抗日根据地。8月，李雪瑞率部对日军进行大反攻，一举攻占乐亭县城，扫除敌人的据点，扩大了解放区。

不辱使命，成功调停"西河南事件"

抗日战争胜利后，1946年7月，第十七军分区改编为冀东军区第十三军分区，李雪瑞任司令员。任职期间，7月13日，驻冀东留守营车站的美国海军陆战队第七舰队第一分队的士兵黑尔登等7人，乘两辆汽车侵入昌黎县四区西河南村，抢劫农民张志华家。第十三军分区昌黎支队闻讯后，立即派二连指导员郭丰兴，带部分战士赶来制止。不料，美军竟向当地民兵射击，进行军事挑衅，当即被冀东十三军分区解除武装，收容在驻地。14日，秦皇岛留守美军以"搜寻失踪美国士兵"为借口，出动150多人和4架飞机，侵入昌黎沿河地区，这就是当时在中、英文报纸上登载的震惊中外的"西河南事件"。

北平军调执行部派共产党、美军、国民党三方代表组成特别执行小组，前往昌黎，李雪瑞作为中共代表义正词严，据理力争，出色完成了谈判使命，美方不得不同意我方提出的四个条件。

披荆斩棘，解放秦皇岛

1947年6月，为配合东北野战军的夏季攻势，李雪瑞奉命开展滦东战役。1948年9月，李雪瑞率部与友军协作，俘获国民党交通警备中将司令汤毅生，集合优势兵力解放了被敌人重兵驻守的昌黎城。此外从滦县到山海关沿线的诸多外围据点也被我军清除。10月3日，解放军攻克了敌人占据的上庄坨煤矿，占领了石门寨、刘家河等据点。

国民党军队在这一区域的力量被逐渐压缩。处在强大人民解放军包围中的冀东国民党军变得惶惶不可终日。从11月23日开始，驻守在山海关的国民党第八十七军开始从海上撤退。第二天凌晨，秦皇岛的第八十六和五十三两个军出发，开始向塘沽和青岛两个地方逃跑。到26日，国民党第五十三军的最后一批力量逃到了天津，在秦皇岛地区的国民党大部队全部撤出。

敌人溃退后，李雪瑞的冀东军区第十三分区立即组织干部和部队接管秦皇岛。驻守在乐亭县的冀东军区警卫八团和另外一个警卫营共2000多人，经过一昼夜急行军于27日进驻。而冀东区委的两支干部队也在抚宁县集结后分两路分别接管山海关和秦皇岛。几路人马纷至沓来，一路上都没有发生战斗，解放秦皇岛可谓是不费一枪一弹。随着解放军的进入，秦皇岛宣告解放，秦皇岛人民终于迎来了新的辉煌的历史篇章。

11月27日，秦皇岛解放，并建立秦（皇岛）榆（关）市，随即成立市委会，李雪瑞任市委常委。12月18日，奉冀察热辽军区转东北军区命令，建立秦榆市警备司令部，李雪瑞兼任司令员。

1949年1月，李雪瑞率部参加平津战役。他带两个团进入滦河以西，配合主力夺取唐山。战斗一打响，敌人拼命地向天津逃跑，李雪瑞率部直追到天津。后来，李雪瑞部的任务主要是支援前线，维护治安，肃清流散的敌军。在当地民兵和广大群众支援下，李雪瑞部出色完成了各项任务。

3月，秦榆市改为秦皇岛市，冀东区党委决定由李雪瑞代理市委书记。

血洒友邦，将星陨落朝鲜战场

1951年，李雪瑞参加中国人民志愿军入朝作战，任中国人民志愿军第六十七军二〇〇师师长，参加了1951年阵地防御作战，多次受到嘉奖。李雪瑞率部入朝作战时正值雨季，路途泥泞，江河暴涨，不少桥梁、道路被冲毁，给部队行军带来极大的困难。他及时部署做好行军中的思想政治工作，并亲自动员，激励士兵，队伍始终保持着高昂的士气。

1951年7月18日，李雪瑞在召开师党委和团级干部会议部署战斗任务时，遭美机袭击中弹牺牲，时年37岁。

相关链接

1951年8月，李雪瑞被安葬在沈阳市北陵公园抗美援朝烈士纪念碑旁。1954年5月15日，李雪瑞被追认为革命烈士。

沈阳市抗美援朝烈士纪念碑

第二十六回　市委书记上战场

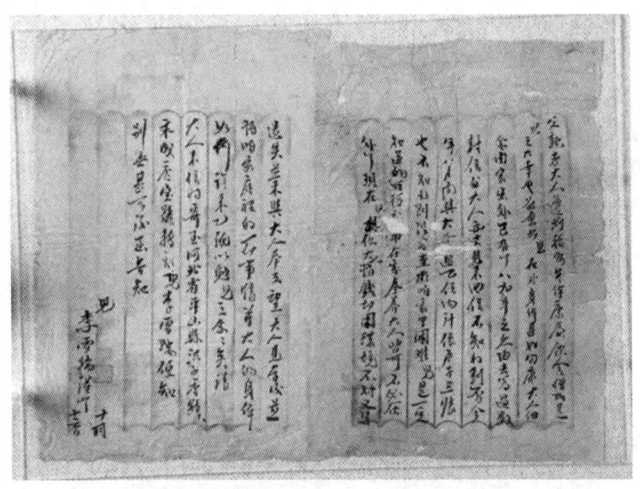

李雪瑞写给父亲的战地家书

家书内容如下：

父亲老大人：

尊前福安，身体康泰，饮食增加是儿之大幸也，敬禀者。

儿在外身体甚好，勿庸大人惦念。由家出外已有了八九年之久，由去写过数封信与大人，亦未见来回信，不知收到否？今年八月间与大人去过一信，内计（编者注：计为寄）像片子三张，也不知收到没有？至于咱家中困难，儿是一定知道的，可将我弟在家奉养大人，皆可不必在外了。现在儿想你大人，捎钱切（编者注：切为却）因环境不对又恐遗失，并未与大人奉去，望大人见字后，并将咱家庭里的一切事情并大人的身体如何，详来一纸，以勉（编者注：勉为免）儿之念念矣。

请大人来信时寄至河北省平山县洪子店镇永成店宝号转交儿李雪瑞便知。别无甚事后函告知。

儿：李雪瑞谨叩
十月十六日

思考感悟

李雪瑞同志作为中国人民志愿军的一员，在抗美援朝战争中，发扬高度的爱国主义精神、革命英雄主义精神和国际共产主义精神。他用宝贵的生命、顽强的毅力、视死如归的精神换来我们今天来之不易的幸福生活。

● 思考：作为新时代的建设者和接班人，我们应该怎样肩负起时代的重任，为报效祖国贡献力量呢？

研学实践

沈阳市西南部风景秀丽的北陵公园屹立着一座高23米的"抗美援朝烈士纪念碑"。纪念碑两侧苍松翠柏，安葬着包括10名师职干部在内的122位在朝鲜战场上牺牲的烈士。这10名师职干部中有一位是中国人民志愿军六十七军二〇〇师师长李雪瑞。李雪瑞怀着壮志入朝参战，把自己的鲜血洒在友邦，化作和平的鲜花。

● 践行：通过瞻仰烈士纪念碑，阅读李雪瑞的战地家书，感受李雪瑞伟大的爱国主义精神。谈一谈如何将李雪瑞的忠诚、坚定、勇敢、无畏的精神传承到我们的日常生活中，成为一名对社会有贡献的人。

★第二十七回　秦皇岛支持抗美援朝

历史背景

1950年10月，中国人民志愿军高举保卫和平、反抗侵略的正义旗帜，英勇地开赴朝鲜战场。在志愿军战士入朝作战的同时，全国掀起了一场轰轰烈烈的抗美援朝运动。地处朝鲜战场大后方的秦皇岛人民群情激昂，纷纷报名参军、订立爱国公约、捐飞机大炮、慰问志愿军，和全国人民一道有力地支援了前方作战。

红色故事

全市总动员

为使广大群众充分认识抗美援朝的正义性和必要性，秦皇岛市委于1950年11月1日作出《关于深入时事宣传的指示》。随后在全市的工厂、乡村和学校中，建立和组织起30多支文艺宣传队，文艺工作者创作出《忘不了的仇恨》《绣慰问袋》和歌曲《鸭绿江小曲》《志愿军前进》等多种形式的文艺精品，在城乡巡回演出，极大地鼓舞了全市人民的抗美援朝热情。

全市厂矿、街道、村庄和机关、学校的125个基层党支部，建立起党的宣传网络，数以千计的宣传员、报告员，采取多种形式宣传抗美援朝运动的重大意义。

1950年12月1日，中央人民政府、人民革命军事委员会、政务院发布《关于招收青年学生、青年工人参加各种军事干部学校的联合决定》，全市广大青年热烈响应党和政府的号召,积极报名参军参战,出现了妻送郎、父送子、兄弟相送的动人场面。从1950年底至1953年初,全市有3000多名青年报名参加志愿军,有411名学生和工人参加了军干校,走向抗美援朝第一线。

1950年底,历史悠久的山海关桥梁厂为朝鲜制造军用便桥拆装梁20孔。1951年12月,山海关组织170多名司机学员、大车驭手、修车技术员、厨师、医疗人员等分赴朝鲜,进行慰问和援助。秦皇岛人民走出国门,赴朝鲜慰问一线战士,形成一段佳话。

1951年初,山海关火车站建立军供站,保障途经本地奔赴前线部队的军需供应。仅当年的1月至10月,就供应了细粮5000余万斤、菜折人民币3.4万元、马草1.5万斤、木柴2万斤。部队通过高峰时,用饭人员多达2万之众,军供站的人员创造了一天蒸1万多斤馒头,一次蒸400斤大米饭的纪录。

出色的工作,赢来了首长的肯定,志愿军某部政委高度盛赞山海关人的热情,说:"你们的'天下第一关'接待站,应改为'天下第一'接待站。"

增产节约支持志愿军

在抗美援朝运动中,全市广大职工热烈响应党中央和市委提出的"增加生产,厉行节约,以支持中国人民志愿军"的号召,从1950年底起,开展了热火朝天的增产节约竞赛运动。

秦皇岛港职工1950年11月至12月开展了安全生产竞赛,煤炭装船工班效率提高2.5倍,车辆停港时间缩短近1个小时,节省工时12832个,节省动力燃煤206吨。1951年1月,耀华玻璃厂职工提出"生产更多的玻璃,支援抗美援朝"的口号。全厂有24个小组431人向马恒昌小组应战,仅熔制车间全年增加经济效益21万元。山海关桥梁厂1951年12月超额完成

耀华玻璃厂第一季度生产报喜后举行抗美援朝大游行

抗美援朝 140 辆平车安装任务，并试制出 40 吨架桥机和 30 吨油罐车。

1951 年 5 月 1 日，是一个令人振奋的日子，全市 4 万多名群众走上街头，在和平公约上签名，并举行声势浩大的游行，展现出秦皇岛人民抗美援朝的信心和决心。

这一年，中国人民抗美援朝总会向全国发出关于推行爱国公约、捐献飞机大炮和优待烈属、军属的"三大号召"。秦皇岛市委随即发出通知，把落实"三大号召"作为全市抗美援朝运动的中心内容。

推行爱国公约是"三大号召"的核心，为此，秦皇岛市委印发了《关于目前抗美援朝运动中两个具体工作的指示》，号召全市各区、厂矿、机关、学校订立爱国公约，并同时发布了《秦皇岛市各界人民爱国公约》。在秦皇岛市委的统一部署和领导下，全市各界人民群众纷纷行动起来，热火朝天地开展增产节约、劳动竞赛等活动。

据 1951 年 9 月统计，全市有 12885 户修订了爱国公约，厂矿中有 326 个组、30 个车间修订了公约。在全市有 53 个行业、1132 家商店，以及郊区 23 个村庄，市内所有机关、团体均修订了公约。秦皇岛港务局各单位全部订立和修订了爱国公约，并建立了经常性的检查制度。在"多扛一个袋子就是多消灭一个美国鬼子，多带一节车皮就是多抢占一个高地"的口号下，生产效率显著提高。1952 年港口吞吐量 181 万吨，是 1950 年的 2.2 倍，出色完成了抗美援朝物资的装卸任务。

捐款捐物掀热潮

1951 年 6 月，秦皇岛市委印发《关于捐献运动中几个问题的指示》，强调捐献武器是取得抗美援朝胜利的保证。在全市各级党组织的努力下，捐款活动在全市掀起热潮。捐献运动中，热情高涨的秦皇岛人民踊跃捐出慰问袋、棉鞋、毛巾、袜子、牙刷、牙粉等物资，学生们则利用暑假参加劳动，捐出劳动所得。不少干部把自己的津贴节省下来，学生把早点、糖果费节省下来，捐资购买武器。

耀华厂老工人朱福成，把多年节衣缩食积蓄下的 13 块银元捐献出来。在他们的鼓舞下，仅开滦、耀华两个铁路工厂和铁路职工家属一次就捐款 36160 元。

天信火柴厂女工一直到1953年还在继续捐献,并要"一直捐献到打垮美帝国主义侵略者离开朝鲜"。据统计,到1951年底,全市各界共捐款80万元,超额完成了折合4架飞机、1门大炮的捐献计划。

为解除赴朝参战人员的后顾之忧,稳定军心,鼓舞士气,在1951年八一建军节,秦皇岛市发起拥军优属的号召,有的群众带着纸烟、苹果等物品,到医院慰问志愿军伤病员,有的群众到烈军属家中进行慰问……从那时起,优待烈军属成为秦皇岛市一项经常性的政治活动持续开展并延续至今:在市区安排烈军属就业,给无劳动力的烈军属家庭发放补助;在郊区、海港区建立代耕制度,保证代耕土地不低于一般农民的土地产量;在城乡建立优抚基金,保证烈军属不低于其他群众的生活水平……

在"抗美援朝,保家卫国"的热潮中,秦皇岛人民在人、财、物等方面倾囊相助,为年轻的共和国添砖加瓦,光荣地成为"国家记忆"的一部分。而这一优良传统也得到了良好的传承和发扬,拥护爱戴军人一直是秦皇岛市的优良传统。

相关链接

据了解,目前在秦皇岛市还有200多名生活在农村的抗美援朝老战士,秦皇岛市委、市政府积极落实相关政策待遇,努力提高优抚保障水平,为他们排忧解难,做这些老兵坚实的后盾。多年来,秦皇岛市涌现出了许多拥军先进个人和单位、志愿者团体、公益组织。据统计,截至2020年,全市党政军机关、各企事业单位成立双拥领导组织338个,社区双拥工作站、拥军优属(拥政爱民)服务组2260个,参与双拥工作人员达16万人。此外,市县两级成立10个"爱国拥军联合会",发展会员单位1311家,实现城乡全覆盖。城市启动实施"秦皇岛市退役军人健康工程""退役军人专属保险工程""拥军大集"等具有特色的拥军举措,开发了手机App、微信公众号等智能拥军平台……

2020年,秦皇岛市再次荣获全国"双拥模范城"称号,这已经是秦皇岛市连续七届获得该称号。拥护爱戴军人,在这座城市已经成为一种正能量,一首主旋律。

思考感悟

抗美援朝战争的伟大胜利,是中国人民站起来后屹立于世界东方的宣言书,是中华民族走向伟大复兴的重要里程碑,对中国和世界都有着重大而深远的意义。审视这段历史,可以得出三点启示:

第一,抗美援朝战争打出了国威军威,极大地提升了新中国的国际地位,是新中国的立国之战。抗美援朝战争的胜利是在中华民族伟大复兴进程当中,我们中国人真正从心理上站起来的一个非常重要的体现。可以说,这场战争打出了我们的民族自尊心、自豪感。

第二,抗美援朝战争是中国人民解放军进行的第一场现代化的战争。面对强大的对手,我们人民军队不畏强敌、勇敢出击,在战争中学习战争,不断发展壮大。经过抗美援朝战争战火的淬炼,人民军队真正地在各方面成长起来。

第三,党的领导和群众的支持是抗美援朝战争胜利的保障。朝鲜战场在打仗,全体中国人民被动员起来,掀起了声势浩大的抗美援朝运动。联系近代以来中华民族屈辱的历史,再看新中国成立之后我们的立国之战,自然而然就得出这样一个认识:只有党的领导才是我们打出国威军威的根本所在。

● 思考:抗美援朝取得胜利的原因有哪些?

研学实践

为弘扬伟大的抗美援朝精神和民族精神,秦皇岛市在市玻璃博物馆举办了纪念抗美援朝胜利70周年史迹展,纪念英雄的志愿军将士以及所有为抗美援朝战争胜利作出贡献的人们。

展览分为正义担当、决策出兵;运动歼敌、稳定战线;以打促谈、愈战愈强;伟大的抗美援朝运动;实现停战、胜利归国5个单元。共展出200余件文物,40余件道具,以丰富的展品、图片、史料,全面真实地展现了中国人民志愿军可歌可泣的战斗牺牲精神和中国人民伟大的爱国主义情怀,突出地体现了秦皇岛在抗美援朝运动中的积极作用与典型贡献。

纪念抗美援朝胜利70周年史迹展

● 践行：参观纪念抗美援朝胜利70周年史迹展，谈谈你的收获和体会。

★第二十八回　毛泽东视察秦皇岛

历史背景

1954年春，新中国一扫旧社会千疮百孔的面貌，出现了欣欣向荣的景象。当时，中共中央主席毛泽东开始思考新的课题，如何对资本主义工商业进行社会主义改造，并决定到天津、唐山、秦皇岛等地考察调研。陪同毛泽东一同考察的，有时任中共中央办公厅主任杨尚昆、公安部部长罗瑞卿及轻工业部部长、铁道部部长和天津市委书记等。

红色故事

追思历史，凭吊古迹，主席视察山海关

1954年4月21日，毛泽东一行在中共秦皇岛市委书记王植范等市区两级负责同志陪同下，来到万里长城的"天下第一关"城楼下面。当时，经过爱国卫生运动和城市建设，干净、卫生、整洁的山海关已享誉全国，由政务院颁发的"卫生模范"红旗在古城飘扬。"天下第一关"城楼也修葺一新。望着高高的箭楼和"天下第一关"匾额，毛泽东健步登上了城楼。举目北望，远处是重峦叠嶂的燕山山脉，万里长城就像一条腾飞的巨龙，从崇山峻岭蜿蜒而来。毛泽东看到城外不远处有一个平台，就问那是怎么回事。当地陪同的领导说，那是威远城的遗址，是明朝吴三桂投降清兵的地方。听到此言，通晓历史的毛泽东便讲起了吴三

桂和李自成的故事。当时毛泽东讲这个故事，是让大家理解"夺取政权后保持清醒头脑，切不可骄傲自大、忘乎所以"的重要性，懂得"得民心者得天下，失民心者失天下"的道理。对吴三桂与李自成的这段史实，毛泽东在延安整风时和进北京之前曾例举过多次，以此告诫全党务必保持谦虚谨慎、戒骄戒躁的作风，务必保持艰苦奋斗的作风。

接着，毛泽东沿着长城向北缓步前行，见到前边有一个墙垛，就询问是不是烽火台。当得知确实是烽火台后，毛泽东笑着向大家讲起周幽王烽火戏诸侯的故事，阐明诚信的重要性，指出守信与失信必然有两种不同的结局，这是领导者必须加以注意的。接着，毛泽东走上箭楼，极目远眺，隐约见到远处有起伏的山峦，又问那是什么地方。市委书记王植范介绍说那是碣石山，在昌黎县北。

追思历史并凭吊古迹后，毛泽东俯视山海关全城，亲切地同大家交谈，详细了解山海关人口、商业、工人收入、生活水平等基本情况。对此，山海关负责同志一一作了回答。在当时，山海关人民的收入还不高，工人平均工资不过三四十元。毛泽东听了介绍后指出，人民生活还很苦，要大力发展生产，提高人民的生活水平。在视察中，毛泽东明确提出了指导全国的"变消费城市为生产城市"的重要方针。市、区两级领导牢记这一重要指示，并在工作中认真加以贯彻落实。

从"天下第一关"城楼下来，毛泽东一行又驱车到山海关城南部的"老龙头"。"老龙头"上那座威武壮观的城楼早已被帝国主义的炮火毁坏，连接的城墙也早已坍塌残破，只剩下一个土坡。毛泽东下车以后便问"老龙头"在哪里，陪同人员说土坡处就是"老龙头"，并向毛泽东介绍了八国联军占领山海关在"老龙头"修建军事营盘，特别是日本军队1933年元旦以此为基地，武力夺取了山海关等情况。毛泽东看到一门旧炮放在那里，就问是怎么回事，山海关区负责同志介绍炮是八国联军留下的，原产德国。毛泽东表示，现在中国人民不能再受外国的欺侮了。在"老龙头"的旧址，毛泽东望着波涛汹涌的大海，指示有关部门"要把大海管起来"，现在虽然还做不到，但将来一定能够做到。

心系生产，主席视察秦皇岛港务局和耀华玻璃厂

中午，毛泽东一行来到秦皇岛港务局。毛泽东看到码头工人装卸货物的繁忙景象，十分欣慰。港务局负责同志介绍了港口解放前夕工人组织起来保护码头、防止国民党破坏生产，以及解放后开展民主改革、积极进行港口建设的情况。毛泽东指示，我们要靠港口的干部群众把海港管好。接着，毛泽东又询问了外国轮船到港情况。当了解到除美国外大部分国家都有船到港时，毛泽东表示帝国主义对我们实行封锁，但一定是封锁不住的。毛泽东从汇报中感到对外国轮船来华限制太严，不利于相互交往。此后不久，公安部就下发通知，对外轮管理规定作了一些修改，允许跟我国没有外交关系的外国船舶进港后船尾悬挂本国国旗。

听完汇报，毛泽东乘车来到港务局办公楼前，下车走到港务监督室楼后靠海边的山脚下，在大家陪同下登上了南山，俯瞰港口全貌，码头工人正在紧张地装卸着两条巨轮上的物资。毛泽东特地询问停靠在港的货船的国籍，陪同人员介绍是本国的和英国的。毛泽东提出要到船上去看看，陪同市委负责同志认为，船上的工作很乱，不适合上去，毛泽东微微有些遗憾地说，要是能到船上看看那些外国船员就好了。之后，毛泽东又询问了码头海水冰冻情况，港务局局长回答说，码头附近的海水不结冰，秦皇岛港是北方不冻良港，毛泽东赞许地点了点头。

离开港口以后，毛泽东一行到耀华玻璃厂考察。当时耀华玻璃厂是公私合营企业，毛泽东详细地了解了这个企业的基本情况。他冒着40多度的室温，观看了玻璃从原料熔化、引上、采板到切片的全部生产过程。毛泽东针对当时有些领导干部不懂技术、不懂生产的情况，发出了领导干部要参加生产劳动、向工人学习技术的号召。

思古抚今，主席挥毫写下《浪淘沙·北戴河》

1954年4月21日晚，毛泽东到北戴河休息，这是他第一次来避暑胜地北戴河。

夏天，毛泽东与其他中央领导一起到北戴河工作、休养，并在北戴河停留很久。他喜欢到鸽子窝去观海。鸽子窝像一座悬崖，立于海岸不远的水面，因为常有野鸽子在此栖息而得名。与此岩石相连的地方有一峰，峰顶建有一亭，名为鹰

角亭。毛泽东几次登临此亭，尽情观赏气势雄壮的大海。毛泽东喜爱大海，哪怕阴天下雨，他也会到海边走一走，呼吸一下海边的新鲜空气。7月31日，毛泽东冒着大雨到北戴河海滩游泳。回来不久，他面对国家欣欣向荣的景象，抚古思今，感慨万千，挥毫写就广为传诵的《浪淘沙·北戴河》：大雨落幽燕，白浪滔天，秦皇岛外打鱼船。一片汪洋都不见，知向谁边？往事越千年，魏武挥鞭，东临碣石有遗篇。萧瑟秋风今又是，换了人间。

相关链接

山海关，又称"榆关"，在1990年以前被认为是明长城的东端起点，素有"天下第一关"之称，与万里之外的"天下第一雄关"——嘉峪关遥相呼应，闻名天下。1990年，辽宁省丹东市的虎山长城被发掘出来后，考古界认为虎山长城才应该是明长城的东端起点。1961年，山海关成为第一批全国重点文物保护单位之一。据传，关公1700年历史的青龙偃月刀刀锋向东存放在山海关城楼上，成为镇关之宝。

老龙头是万里长城唯一集山、海、关、城于一体的海陆军事防御体系。万里长城横跨崇山峻岭，蜿蜒如一条巨龙入渤海，故长城之首称"老龙头"。老龙头由入海石城、靖卤台、南海口关和澄海楼组成。澄海楼高踞老龙头之上，为明代所建，清康熙、乾隆年间重修。楼上有明朝大学士孙承宗所书"雄襟万里"和清乾隆皇帝所书"澄海楼"匾额。

鸽子窝公园又称鹰角公园，占地300余亩，面积20多万平方米。由于地层断裂所形成的临海悬崖上，有一巨石，形似雄鹰屹立，故名鹰角石。该石高20余米，过去常有成群野鸽子朝暮相聚或窝于石缝之中，故名鸽子窝。1937年在海边石崖顶端修一凉亭，取名鹰角亭。鸽子窝公园最为吸引人之处就是观日出，观日出的最佳地点是在赤土河口东西向石英脉的大断裂带的鹰角石上。日出时，万籁俱寂，水天相连，色彩变幻；红日涌出一霎，水上水下红日相接，瞬间跃出水面，霞光、阳光洒满山峦沙滩，犹如覆盖上了一层金色的纱幕。每到旅游季节，游客们便早早地来到这里，一睹海上磅礴壮观的日出景象。

秦皇岛市玻璃博物馆成立于2010年12月,是我国第一家国有玻璃专题博物馆。整个园区依托始建于1922年的耀华玻璃厂遗址建设,建筑遗址为国家级文物保护单位。展厅主题展览《天地凝光》,共分四大部分,分别为"古代玻璃""近代玻璃工业的摇篮""当代玻璃工艺"和"璀璨的玻璃艺术"。这些展出真实地再现了玻璃的发展历程。展厅内既有古代仿玉玻璃,又有近代的耀华文史资料,还有当代各种高科技玻璃,也有如梦幻般的艺术佳品,将参观者带进七彩的玻璃世界。

思考感悟

在鸽子窝公园有一尊毛主席观沧海的雕塑,衣袂飘飘,尽显一代伟人风范。雕塑基石上刻有那首脍炙人口的《浪淘沙·北戴河》。这首词生动描绘了北戴河海滨夏秋之交的壮丽景色,展示了无产阶级革命家前无古人的雄伟气魄和汪洋浩瀚的博大胸怀,具有比《观沧海》更鲜明的时代感、更深邃的历史感。《浪淘沙·北戴河》是毛泽东主席代表中国人民高奏的一首凯歌,也是赠送给北戴河人民的一份珍贵的礼物。

秦皇岛鸽子窝公园的毛主席雕塑

● 思考:请同学们对比阅读《浪淘沙·北戴河》《观沧海》,感悟一代伟人的风采,思考对我们有哪些启迪。

研学实践

沿着毛主席视察秦皇岛的足迹,登临万里长城的"天下第一关",追思历史,感受第一关的雄伟与壮观,体会主席的谆谆教导;了解老龙头的由来、组成和历史,实地探秘长城,感知富强、和谐、文明、爱国的长城精神,增强作为中华儿女的自豪感；畅游鸽子窝公园，一睹海上磅礴壮观的日出景象，感悟一代伟人风采；你也可以走进秦皇岛市玻璃博物馆，领略七彩的玻璃世界。

●践行：以自己喜欢的方式，重温家乡的历史，培养爱国主义情怀，学习做人做事的道理，通过讲述历史故事，撰写研学心得，谈谈你的研学收获和体会。

★第二十九回 避暑胜地北戴河

历史背景

北戴河,一个美丽而神奇的地方。

公元前215年,一队浩浩荡荡的人马,簇拥着"千古一帝"秦始皇,来到这里祭海、求仙。此后,魏武帝曹操、唐太宗李世民也曾来此观海并留下不朽诗篇。"天开图画"两千年,记述着北戴河的历史变迁。

1898年,清政府宣布将北戴河辟为"准允中外人士相杂居住"的避暑地。

1912年,北洋政府的高官开始在北戴河修建度假住所。此后数十年间,北方的北戴河和南方的庐山成了国民党军政要员避暑的两大主要去处。

1948年11月,北戴河解放。中组部在北戴河选择了风景最好的西山,对原有别墅进行接收或购买,组建了疗养院。接着,全国工会开始组织劳模到北戴河休养。

1952年,中组部疗养院移交给中央办公厅,改名为中直机关疗养院。

1953年,中央决定夏天集体到北戴河办公,在西山新建了房屋、道路和水塔,又对新老房屋进行了编号。

从1953年到1965年,夏季的中央重要会议,几乎都在这里召开,"新华社北戴河电"这样的字眼频频出现在报端,党和国家的一些重大决策也不断在北戴河诞生。

1966年,"文革"开始,中央暑期办公制度也废止了。

1984年,中共中央、国务院正式恢复中央暑期办公制度。

2003年,新一届中央领导集体作了一个重要决定:取消暑期办公制度。虽然中央暑期办公制度取消了,但领导人在此休养的惯例并没有改变。

红色故事

1954年毛主席到北戴河办公时,曾经写下过著名诗篇《浪淘沙·北戴河》。在诗词中,毛主席挥笔写道:"萧瑟秋风今又是,换了人间。"

每到北京酷暑难耐的时刻,毛主席和其他领导人都喜欢到北戴河避暑办公。但是主席在此办公时,曾经发生过一件趣事。作为最高领导人的他,居然被哨兵拦住,还让主席对一对口令。

临时起意　观山顶日出

毛主席一直都很喜欢到北戴河办公,每当他站在海边时,总会长久地凝望着波澜壮阔的海水。1954年7月,毛主席再一次来到了北戴河,他的工作也都搬到了这里。为了保护毛主席的安全,河北省政府对这里也加强了安保。附近每隔不远,就会安排几个哨兵站岗,遇到陌生人就要仔细盘问。

虽然不在北京,但毛主席的工作量一点儿都没有缩减,照样是每天工作到深夜。一日晚上,主席在结束一天的工作后,突然对警卫员说道:"一直听说这里的日出很好看,我们还没有看过。不如明天早上我们就去爬山看日出吧。"警卫员看着主席兴致勃勃的样子,犹豫地说道:"主席,可是我们还什么都没有准备啊。"毛主席听了警卫的话,哈哈一笑,说道:"都说鸽子窝是看日出的最佳地点,这就在我们旁边的山上。山又不高,有什么可准备的。就定了明早,叫上几个人我们一起去看。"

警卫员回答道:"为了主席的安全,我马上就去联系,安排明早的登山。"没想到主席怎么都不愿意,他拒绝道:"我就只是爬山,不用这么兴师动众。我们来了这里以后,附近的安保也加强了许多。不要担心,就定了明早。"主席的贴身警卫看到毛主席如此坚定，也不愿扫了他的兴，点点头都去休息了。为了能赶上第二天的日出，他们一行人决定第二天早上4点就从疗养所出发。警卫员想到现在虽然是夏天，但北戴河的清晨还是很冷，因此准备了两件大衣外套御寒。他们又害怕主席前一天没有休息好，还带上了一个随军床。

小路上山　被哨兵阻拦

第二天早上4点，一行人简单准备后，就向着鸽子窝出发了。鸽子窝位于临海的悬崖上，虽然海拔不高，但上山的路十分陡峭。此处是欣赏日出的最佳地点，因此毛主席无论如何都想上去看一看。此时的毛主席已经是一位六旬老人了，但他体力很好，走起山路来一点都不费劲。考虑到上山只有一条大路，虽然相对平整一点，但游客众多。为了主席的安全，他们决定从小路上去。毛主席走在队伍的最前面，一行人沿着小路向山上走去。天还没有亮，到处都是黑黢黢的一片，只能靠手电筒微弱的光前行。走到一处奇石处，警卫员们询问主席要不要休息。毛主席摆着手说道："我爬过很多山，现在一点都不累。但要是你们走不动了，我们可以休息休息。"毛主席都能坚持，其他人哪里好意思说累。因此他们没有休息，准备继续往山上走。

正在这时候，两个海防哨兵顺着声音走了过来。因为夏季很多中央领导人都在北戴河休养工作，因此这里的安保工作也很严格。如果没有提前通知，是不允许有人上山的。警卫员们看到这两个哨兵举起了枪，赶紧走到主席前面。没等警卫员开口，其中一个哨兵厉声问道："你们是什么人？"主席的警卫员张木奇听到对方口气不好，赶紧解释道："这是几位首长到此工作，想到鸽子窝看一看日出，还请你们放行。"没想到哨兵听了这话，不仅没有放下枪，反而接着问道："少废话，想上山的话先和我们对口令。"毛主席一行人本就是临时起意，根本没有提前安排，因此他们又怎么知道什么口令呢？张木奇解释说："我们是临时决定上山的，不知道你们的口令。你看能不能放我们过去，错过了日出就遗憾了。"哨兵听到这话，将手里的枪上了膛，说道："不知道口令还想过去！你们是什么人？"

毛主席笑着说道："木奇啊，你把证件拿出来，给这个小同志瞧一瞧。这不

就行了嘛，他也有他的工作。"听到主席的话，警卫员才想起来拿出工作证，递给哨兵检查。哨兵看完后，立刻明白这是中央的领导人，不好意思地说道："真对不住了啊，我们都是这么要求的。"主席走上前，拍了拍哨兵的肩膀，说道："你做得很好，对自己负责，对工作负责，辛苦了。"借着手电筒的微光，哨兵才隐约认出眼前这个人就是毛主席。他以往只在报纸和画像上见过毛主席，因此不敢相信地问道："您就是毛主席吗？我刚刚一直没看见您。"警卫员们也开起了玩笑，说道："现在肯相信我们的身份了吗？"

辛苦而来　胜利而归

毛主席一行人在经过这一小小的插曲后，继续向鸽子窝走去。哨兵的态度并没有让主席不悦，他反而因为遇到如此认真负责的小战士而感到高兴。之后的路程走得很快，毛主席和警卫员们在日出之前就赶到了山顶。警卫员放下随军床，让主席稍微休息一下。但主席根本坐不住，他拿起望远镜，一直站在山边眺望东方。经过短暂的等待后，一轮硕大的红日从海平线上跃起。不同于中午刺眼的阳光，此时的红日是温暖而柔和的。当天的天气很好，没有一丝云彩的遮挡。毛主席完全沉醉在眼前的景色中，欣赏着这一美景。鸽子窝的"红日浴海"是北戴河的名景，但向来也是可遇不可求的。毛主席一行人第一次登山就遇见这样绮丽壮观的景色，可以说是幸运的。

警卫员孙勇是第一次看到日出，他对主席说道："主席，这真是一种享受！"主席笑着说道："我带你们看日出，耽误了睡觉。现在看到美景，是不是觉得也值得？"其他人都点头，称赞眼前的美景。当朝阳的光辉散尽后，毛主席满意地点点头，说道："既然如此，那就让我们辛苦而来，胜利而归吧！"听完这话，想起上山时的小插曲，一行人全都笑了起来。

相关链接

北戴河疗养院

北戴河海滨久负盛名，自1898年北戴河被清政府辟为避暑地以后，这里的休疗资源得到大面积开发，各式别墅723处，星罗棋布，迅速成为享誉中外的避暑胜地。

1949年4月，解放军军管会接收铁路宾馆、莲蓬医院和交通株式会社社员休养所，一些对革命有过重大贡献的、患有慢性病的领导干部及伤残人士在此得到照顾。随后，中组部招待所负责人又在北戴河组建中组部疗养院。在为领导干部选择疗养胜地的同时，1949年6月，中国铁路总工会北戴河肺结核疗养院成立，成为北戴河第一所工人疗养院。

1950年初，经时任政务院总理兼外交部部长周恩来亲自审定，又批准在北戴河建立外交人员休养所。当年暑期，成立了"外交部驻北戴河联络组"。休养所接收了位于东经路、东一路、东二路、保二路、保三路和中海滩一带的别墅34幢，开始接待当时与我国建交的苏联、东欧等国的驻华使节。

为保障党和国家领导人正常办公，中央于1954年成立了北戴河暑期工作委员会，下设暑期工作办公室为中央机关服务。同年11月，国务院正式确定北戴河休养区的使用方针是：为中央暑期办公服务。相关办公制度确定后，中央办公厅警卫局专门组成了暑期警卫、服务班子，奔赴北戴河工作。在北戴河也有一个暑期工作班子，由国务院机关事务管理局负责。再加上警卫师四团的人员，一同负责党和国家领导人住地、浴场和外出活动的服务和警卫工作。中央警卫团的工作，都与北戴河当地公安警卫部门取得联系。双方共同商定了各项安全措施和相关的制度，对首长住地、启用浴场进行了安全检查，并在海中设置了防鲨网，确保中央领导的安全。在通信方面，邮电部门架设了海滨通往北京的专线直拨电话，使中央办公联络更为便捷。

思考感悟

我们之所以到今天还在怀念毛主席，不仅是因为他和其他革命先辈一起创下了丰功伟绩，还因为他广阔的心胸。他一生指点江山，但却从没有摆出过高高在上的架子。无论走到哪里，毛主席都不希望大张旗鼓，他更希望自己能像一个普通人一样去感受生活。正因如此，围绕着他的一件件小故事才会流传开来，让伟人的形象更加丰满和充实。作为人民的领袖，毛主席这样的伟人实乃民族之幸。

● 思考：如今，毛主席已离我们远去，但他身上哪些精神，永远值得我们缅怀、学习？

研学实践

数风流人物，还看今朝。随着我国经济快速发展，"一带一路"倡议的提出，中国在世界的舞台之上熠熠生辉。与此同时，新的时代，必将迎来新的发展，在互联网、数字货币、共享经济等新一代浪潮之下，也必将涌现出新的人才。

● 践行：到北戴河去参观、游览，了解避暑胜地的历史，学习伟人的优秀品质与爱国情怀，努力使自己成为合格的社会主义建设者和接班人，为北戴河的发展贡献力量。

★第三十回　渤海明珠秦皇岛

历史背景

　　新中国成立后，秦皇岛儿女赓续革命先烈精神血脉，以极大的热情和精力转入到城市的发展建设中。70多年来，秦皇岛发生了翻天覆地的变化：耀华玻璃和山桥成为行业翘楚，秦皇岛港由单一"能源桥头堡"向国际知名旅游港和现代综合贸易港转型升级，参与举办亚运、奥运两次体育盛会，高新科技产业不断提高综合实力和竞争能力，国民经济和社会事业取得辉煌成就，人民生活水平显著提升，全国文明城市、国家卫生城市、国家森林城市的创建，使得这座城市更加美丽，市民更加幸福。310万秦皇岛儿女用矫健的步伐踏响时代的最强音。这一回里，我们将与大家一起回顾秦皇岛诞生、成长、发展的历史，树立起我们爱家乡、爱祖国的情怀。

发展故事

一介英才，来到秦皇岛

　　千百年前，这里真的只是一座小岛。

　　有关"秦皇岛"这个地名最早的记述，见于明嘉靖十四年（1535年）版的《临榆县志》："秦皇岛，城（山海关）西南二十五里，海水环之，世传秦始皇求仙驻跸于此。"

在传说流传两千年之后的1985年，在当地文史工作者的多次呼吁下，河北省考古队在北戴河金山嘴北面横山上发掘，露出了9000多平方米面积的土层，这是大规模的夯土筑造房屋的遗址。经考察，这就是秦始皇东巡时的行宫遗址。此后的两年间，在秦皇岛海域又不断地出土一些碎石残片，经考证均为秦汉时期的遗存。

秦始皇求仙之地，史称碣石。在《尚书·禹贡》《七国考》《昌黎县志》等资料中，古人对碣石区域进行了描述：北倚燕山，南临渤海，西至昌黎县北的碣石山，经北戴河联峰山、金山嘴、小东山，秦皇岛东南山，山海关老龙头，东北抵山海关外黑山头止锚湾。作为燕国通海门户，这里，早已成为泛海与沿渤海各诸侯国来往的通道。古碣石港也一度成为中国古代的五大港口之一。

然而千百年来，这片漫长的沿海地带却因航运的不发达，一直"养在深闺"。据《临渝县志》记载，秦皇岛在清同治以前，"只有帆船停泊，栈房三两，代卸粮盐而已，并无住户"。

而这一切，却要等着工业文明的号角响起时，才能将它唤醒。

1892年，开平矿务局督办唐廷枢来到了这里。开平矿务局，是当时清政府官督商办的矿产企业，在唐廷枢这个督办的上面，就是李鸿章。

在唐廷枢来秦皇岛之前，中国民族工业刚刚"诞生"了若干个"第一"。

先是开平煤矿的诞生，接着，就是中国有了第一条铁路——1881年6月9日，从位于唐山的煤场到胥各庄的铁路正式开工，是年11月28日，唐胥铁路建成通车，全长16.04里，这是中国第一条标准轨距的铁路。

1882年6月，当中国第一台蒸汽机车"龙号"机车拖运着一批清朝政府官员，

港口大小码头旧照

以每小时20英里的速度在中国第一条铁路上前行时，那些曾经对铁路一直持反对态度的保守官员们才发现，和骡马相比，火车真是快得太多了。

1891年（光绪十七年），随着清政府在山海关设置北洋官铁路局，建筑铁路开始正式成为清朝的一项国策。在此期间，李鸿章致函总理衙门，提议建造自天津至山海关的铁路，1891年3月期间，这条被称为津渝铁路的铁路全线通车。

今天，在秦皇岛迎宾路与燕山大街的交叉地带，我们仍可以看到津榆铁路的旧址。正是这条铁路的修建，为秦皇岛开港创造了条件。

唐廷枢，就是在津榆铁路线上乘着火车来到了秦皇岛。

在津榆铁路设在秦皇岛的火车站——汤河站，唐廷枢下了车，考察了山海关和当时隶属于临榆县的秦皇岛一带的岛屿。

唐廷枢此行，本为了津渝铁路的扩建而来的，但1892年的这次出行，却让他在位于今秦皇岛市海港区东南山一带的海域，发现了一道不为时人所重视的"风景"：

这里，有一个不冻港湾！

对于秦皇岛外这片海湾的描述，后人常用这样八个字："沙软潮平，不淤不冻。"

前者说这里的海岸线浪潮平稳；后者，则说出了它具备天然良港的最佳特征。与周边的天津大沽口港等相比，这里因为没有大的入海河流，少有泥沙侵冲，所以"不淤"，再加上海水含盐量较高，又气候适宜，冬天时也不易上冻。

站在东南山上，俯视脚下的这片海，秦始皇看到的，也许是长生不老的通天大道；而在唐廷枢的眼中，却是一条实业救国的求富求强之路。

这个发现，让唐廷枢很激动。于是，在为中国修建了第一个煤矿、第一条铁路之后，他萌生了另一个想法：在铁路建设的基础上，在这片不冻不淤的天赐之地，再建一个自开口岸。

这，无疑是一个大胆的构想。而秦皇岛也确实具备这个构想的一切基础。

秦皇岛有港口的历史太悠久了，早在秦皇岛建港之前，这里就曾有过三座港口，分别是春秋时期由燕昭王修建的碣石港；隋炀帝时期，在古城永平府（今卢龙县）修建的平州港；明朝创建初期由大将徐达修建的重要运输基地马头庄港。三座港口，均为人工港口，在当时那个年代为水利运输发挥过极大的作用，也为秦皇岛建港奠定了得天独厚的条件。

然而，在唐廷枢心中的建港目标，要远远大于当年的设想。

因为在当时的中国，从鸦片战争以后，港口多为"约开"形式，即由洋人参予、决策其建设权、股权，而由中国人自己管理的自开口岸并无先例。这也是唐廷枢等人建港的最初理想，和建设开平煤矿一样，这是民族主权和富强中国的理想。

可惜的是，唐廷枢本人没能等到这个梦想实现的那一天。此后没过多久，他就因病逝世。好在他的继任者们，把他曾经设想的这个"矿山+铁路+港口"的梦想延续了下来。

而秦皇岛，恰恰是由于承载了这一梦想，才得以开始了由一个小岛到近现代城市的嬗变。

从军港到商港，从约开到自开

1894年，中日甲午战争爆发，北洋海军全面崩溃。在海防严重空虚的现实面前，在天津以外再建一个拱卫京畿的军港的需求，越发显得迫在眉睫。

但《马关条约》带来的巨额赔款，造成清政府国库空虚，经费紧张，清政府统治者最终不得不同意荣禄、李鸿章等大臣的请求，拟建一商港，功能以运煤为主，客旅、杂货为辅，同时"转递国家邮政文件及驻扎北洋水师，靠泊军舰"，并由开平矿务局试办码头。

此间，越来越多的人开始把目光投向今天秦皇岛的这片海域。这里面，不仅有中国的官员与实业家，还有金发碧眼的"洋人"。

1897年冬季，开平矿务局的一名英籍工程师鲍尔温，为了解决渤海海域冬季海港封冻无法通航的问题，来山海关至秦皇岛一带考察。他在山海关海神庙附近住了近一个月，观察水文与海浪潮高情况。

其后，鲍尔温又与开平矿务局的英国船长麦克法林一道，乘"北平"轮首航北戴河金山嘴、戴河口一带，后又上岸骑驴沿线勘测。

几次考察后，一份考察报告提交了出来，报告中称已经发现了天然良港，其英文名为"森特波印特"（"CENT-POINT"）——"中心点"。

这个"中心点"，其实就是沉睡了一千多年的秦皇岛。

两个外国人，无意间改写了一座城市的历史，他们的意见，得到了李鸿章的认可。

1897年2月，开平矿务局"永平号"轮第一次从烟台试航到秦成功，而在天津港等因海河上冻无法行船的情况下，秦皇岛得天独厚的不冻港条件，却让洋务官员们有一个全新的发现。于是李鸿章再次向总理衙门申请建港。6月，清政府正式批准秦皇岛为天津海河隆冬封冻时的辅助港，接海上来船的客人和邮件等。

中国第一批自开口岸，由此确定了雏形。

1898年3月26日（光绪二十四年三月初五），总理衙门以"振兴商务"为由，上"秦皇岛自开口岸折"。同日，光绪帝批复依议："秦皇岛与湖南省岳州府、福建省福宁府三都澳一起，成为自开通商口岸。"

其后，总理衙门照会各国驻京使节、张贴告示，宣布秦皇岛自行开埠，并划定戴河以东至金山嘴沿海向内1.5公里，往东北至秦皇岛对面地段为各国人士避暑地。

清政府的这一批示，意味着中国第一批自开口岸、第一个旅游区均在秦皇岛成立了。这，也正是秦皇岛这座底蕴可以上溯千年的城市的现代起点。

由港口诞生了城市

今天，乘坐秦皇岛的8路公共汽车，我们会经过"西盐务站"和"东盐务站"。

明朝以来，因为秦皇岛临海，朝廷在当地设"盐大使"总理盐务，"盐务村"之名也由此而来。1898年建港以后，开平矿务局经理办公处，就设在了东盐务村盐大使衙门内。

古老的盐务衙门，变成了港口管理者的办公地点，而在这里的管理者，则是西方人，这一微妙的转变，恰恰预示着这片土地从农业社会向现代化社会变迁的开始。

开平矿务局的办公地点几经改变，从最初的盐大使衙门，又转到港区里，此后，港口管理者活动、聚会的场所，又多设在东南山附近的南山俱乐部。

南山俱乐部，位于今日港口博物馆院内。博物馆的建筑本身，具有鲜明的西方建筑的特点，而在里面活动的人群，既有西方的管理者，也有中方的高管，当年，这里对于普通市民来说，是一个让人羡慕而遥不可及的地方，现在，这里成为这座城市鲜活的历史坐标，也记载了一个城市中西结合的进程。

随着中国的第一家桥梁制造厂山海关桥梁厂、中国第一家玻璃厂耀华机器制造玻璃有限公司秦皇岛工厂等实业的相继建立和完善，以桥梁制造、建筑材料、食品工业为发展的一系列产业在这里相继出现。当时的管理模式是英人管理者（经理制）+中方把头（包工制），这也是当时很多中国港口的通用模式，员工分类则由高级员司与码头基层工人组成。

随着港口的诞生，很多具有现代化城市标志的机构很快也陆续出现：第一家西医医院——港口医院，第一家邮政局，以及电报房、牛奶房、高尔夫球场、网球场、酒吧、电影院等现代化配套设施。在中国大部分地区还处于闭关自守的小农经济社会时，秦皇岛这个面朝大海、因港而建的城市，却已打开了通往外面世界的大门。

城市人口的快速聚集则始于1904年。

从1904至1906年之间，秦皇岛港设立劳工招募站，向南非金矿输出中国劳工。三年时间，有30批共计4.3万人，从这里启程离港，前往南非。亲手导演这一幕的，正是时任开滦矿务局总经理的那森和开滦矿务局工程师、后来担任过美国总统的胡佛。

南非劳务输出，是一部中国人的血泪史，却在客观上，为秦皇岛带来了大量的城市人口。几万名劳工的到来，及后来的遣返，促成了大规模的人口流动，他们与在这之前，很多借道于此、试图闯关东却选择了留下的人们一起，为城市的发展输送了大量的血液。

20世纪建港之初，岛上仅有铺商20多处，居民很少。随着港口规模的扩大，再加上当地设立华工招募站，数万名工人由此登船，住户开始有了三四百户，产业工人达到了3000人之多。后来职员、工人人数逐渐增加，就开始修建一、二、三等房，这些房子很多今天还保存着。像秦皇岛人熟悉的"五大里"等就是那个时代的标志。

1905年（光绪三十一年）秦皇岛有了自己的第一条水泥马路——由港区内的南山边上一直修至三角花园，被称为"开平昌道"。它还有另一个名字——"通港路"，因为这条马路直通港口。

这条长2.5公里的马路，在1912年开平矿务局与滦州矿务局合并后，又被称为"开滦路"。1913年（民国2年），当地又修筑了从南栈房（今港口一货区）到高道口的步行街，因路面材料由特殊的缸砖铺成，这条开滦路的延伸路被称为"缸砖路"。

如今，砖面刻有"KMA"（即开滦矿务局的英文缩写）标志的特制缸砖，已经成为文物，被陈列在港口博物馆内。

开滦路是当时的繁华地带，相当于今天的商业街。很多著名的老字号、时尚的西餐厅、银行、酒吧以及很多外资大企业，如德士古石油股份公司、美孚烟草公司、三菱洋行等，都设在这条街上。在开滦路的四周，还有公园、医院、学校、教堂等，秦皇岛最早的南山电厂也建在这条路旁。

1919年，京奉铁路秦皇岛绕线工程竣工，新增设南大寺站和秦皇岛站，同时，市内铁路全线也增长了1.25公里。

在铁路之上，一座老天桥横空出世，勾勒出了当时整个城市的样貌。

这增长的1.25公里路线，像一条弯弯的玉带，穿越了这个城市，形成了一条新的分界线。从此开始，有了"道南""道北"之称。这里的"道"不是马路，是铁路。

而铁路之上架起的一条拱形过街天桥，则成为当地的一个新地标，连通了道南和道北形成的两个世界。

当时，道南多为商铺，还有高低起伏的洋房，整齐有序的缸砖，鲜花锦簇、松柏成林的开滦广场、三角花园，还有漂亮高级的南山一号楼别墅；而道北则是平民区，低低矮矮的平房，下雨时落满污泥的土路，满大街挑着担子叫卖着的小贩，以及从柴禾市到雨来散，再到老天桥市场、长城马路，熙熙攘攘、忙忙碌碌的人群。

"老天桥穿起的两个世界，构成了秦皇岛最初的城市中心城区格局。"

据港史办的资料显示："到民国13年（1924年），城镇居民总数已有7.13万人，占临渝县人口总数的33.5%。"而到了1935年（民国24年），这一地区商店已激增至1334家，秦皇岛一带则占了403家。

秦皇岛港的开埠，也影响了秦皇岛地方工业的兴起，先后涌现了临榆习艺所、抚宁工艺局、昌黎织染厂、卢龙开采石灰岩的"福得恒大柜"、柳江煤田的"石门寨无烟煤公司"、长城公司煤矿等具有现代工业性质的企业，甚至还有了汽车营运公司等服务性行业。

而居住在城区里的人们，也形成了越来越浓郁的、港城特有的城市文化，"逛码头"就是秦皇岛开埠后形成的"新民俗"之一。

从1916年以后，因为秦皇岛港的码头在端午节那天对外开放，也使得在节日当天，每家每户除大清扫，包粽子，插艾蒿、蒲草之外，还要穿上新衣服，齐聚港区，成群结队地去逛码头。有的时候，被当地人称为"大海洋楼"的大轮船也会对外开放，吸引大家争先恐后地上去观光、游览。

秦皇岛，早在几十年前，就拥有了一座国际化城市的特点，而与之毗邻的北戴河风景区，则是具有纯粹意义的旅游度假区，它与秦皇岛城区相辅相成，共同完成了即使放在全中国，也具有开端意义的国际旅游城市之路。

1984年，秦皇岛市被确定为我国首批十四个沿海对外开放城市之一，从此以更加开放、包容的姿态，面向世人。至此，也彻底完成了从一片荒滩向现代化城市的转变。

2019年，秦皇岛港西港成功入选国家工业遗产名录。当年的港口，也成为游人如织的风景区，而与港口伴随而来的，不仅是工业文明，还有旅游生态文明。

以港兴市，以港强市，秦皇岛港已经走过120多年风雨历程，从中国民族工业的开端者，到今天举世闻名的世界著名港口、康养名城，在这城市的历史里，写出了一个时代的发展史。

相关链接

西 港 花 园

2018年8月5日，西港花园以俏丽的身姿正式对外开放，微笑着迎来首批市民游客，开启了刚刚走过120年华诞的秦皇岛港转型升级的崭新历程。

西港花园，是河北港口集团建设国际旅游港起步区的一期工程，占地约1200亩，包括秦皇岛港大码头、甲码头、乙码头、南栈房、老港路、靠山路和青松路沿线，以及太平湾堆场部分区域。花园主要景观皆由港口废弃的设备设施重新加以设计和改造而来，既不乏独有的工业氛围和深厚底蕴，又充满海港味道、时尚气息。漫步于西港花园，我们可以感受到当年建港初期的一切遗迹：大小码头、经理办公处、洋行、南栈房、铁道、船坞等，从而更加深刻地了解秦皇岛城市诞生的历史。

思考感悟

众所周知，秦皇岛因始皇求仙驻跸而得名，并且是中国唯一一个以皇帝名号命名的城市，但它的重要性当然不只是仅有这一段传说一般的历史，它还有太多的第一：第一批中国自开口岸、第一个中国旅游避暑区、第一条中国铁路旅游专线、第一家中国机制玻璃工厂、第一瓶中国干红葡萄酒诞生地……从地理位置上，这座城市就有得天独厚的条件，它位于历史上的辽西走廊之间，有山海关、卢龙古城的深厚底蕴，也有滨海长城的画廊般美景，又有"京津后花园"的美誉。如今，它已经成为举世闻名的沿海开放城市，北依燕山，南接渤海，西近京津，东临辽宁，辖海港、北戴河、山海关、抚宁四个城区，昌黎、卢龙、青龙三个县，以及经济技术开发区、北戴河新区两个经济区，在7802平方公里的陆域面积上，聚集着310万人口，也吸引着南来北往、络绎不绝的游客。

这里，有山，有海，有关，但它的名字里还有一个"岛"字。就在这片小岛之上，伫立着一个著名的百年老港。于是人们更喜欢简单地叫它"港城"。

● 思考：秦皇岛，从一个渔村，走到今天具有国际化意义的城市，其间经历了哪些难忘的人和事？是什么样的一种精神，让这座城市破茧而生，拥有了今天人民安居乐业的幸福生活？

海滨城市——秦皇岛

研学实践

秦皇岛依海而生，向海而兴，也同样要向海图强。秦皇岛作为中国近代旅游的发祥地，多年来，以"生态环境优美""历史文化厚重"而蜚声海内外；现如今，它正以昂扬的姿态向五湖四海的游客敞开大门。从"岛"，到"港"，到"市"，一字之差，勾勒出一个现代城市因港而生、向海图强的百年历史，也记录着这个当年面朝大海的新兴城市，在国际化与旅游城市进程中的每一步变迁和发展。

● 践行：去西港花园走一走，去城市的各个角落里走一走，听听父辈、祖辈们讲述秦皇岛的故事，用自己的双眼、双脚去发现秦皇岛，寻找秦皇岛，即使学业有成，长大后可能会去外面更广阔的世界，也永远不要忘记，这个生我养我的地方，它的伟大历史，它走过的艰难历程，它独特的魅力！